クリスマス

Weihnacht

Karl Barth

カール・バルト

宇野 元［訳］

新教出版社

Karl Barth
Weihnacht

目次

装丁　桂川　潤

クリスマス

カール・バルト

クリスマスの知らせを聞く

一九二八年

再び時が巡って、クリスマスの季節が訪れると、私たちみんなの心に、多少とも明瞭に、鮮明に、次の問いが浮かぶ。「あなたがたのために、きょう救い主が生まれた！」（ルカ二・一一）という知らせを聞いているか？　この問いが、私たちみんなの心に！　教会に通っているかいないか、信仰が厚いかそうでないか、という区別なく。「私はキリスト者だから、聞いているさ。昔も、今も、将来も。」そんなふうに、のんきに構えようとしても意味をなさないだろう。「俗人の私には、むずかしい問いだな。」そんなふうに、気取ってみようとしても同じだろう。私たちみんなが問われている。人間として問われている。私たちのために救い手が、助け手が、いや、救い主が、助け主が、現実の、究極の救い手、助け手が生まれたのは本当か、と。私たちは現実に、究極的に助けを得ているか、したがってまた、自分も役立つ者にされているか、と。

私たちは助けを得ているか、また、私たちは役立つ者であるか——この問いは、まさに私たちみんなに関係している。実際、私たちみんなに向けられている問いである。かの知らせを聞いたことがないと、誰が言えるだろう？　しかし、それを正しく聞いたと、誰が言えるだろう？　誰がのんきに構えていられるだろう？　誰が気取っていられるだろう？　いい加減に聞いているのを、誰が恥ずかしく思わずにいられるだろう？　もし正しく聞いているなら、自分の良心においてだけでなく、隣人の前に、助けを得ている者、また役立つ者であるはずだ。しかし、キリスト者を自認するにせよ、俗人を自認するにせよ、いずれにしても認めなければならないだろう。私たちはみんな、この両面において絶望的な輩であると。いったい誰が、救い主が生まれたのは自分のためだと胸を張れるだろう？　胸を張ろうとするだろう？　自らの二重の寄る辺なさにぐらつかない人がいるだろうか？　だから、聞くことを求めるクリスマスの知らせは、たしかに私たちみんなを一つの問いかけに連れてゆき、とば口に立たせてくれるだろう。この季節に教会は、世と共に、世の先頭に立って、自らの俗人性、すなわち人間の寄る辺なさを、いわゆる俗人以上に意識し、身をかがめて、まったく新しく聞こうとしないなら、自分を見誤ってしまうにちがいない。

　だが、どうやってクリスマスの知らせを聞き取るのか、どうやって「手に入れる」のか。人はそれについて何も語れない。古今の最も敬虔で学識ある神学者たちも、わずかなことさえ示すことができていない。いくら語っても空回りするばかりだ。ぐるぐると、語りえない中心の周りを。(1)クリスマスの知らせは、みずから聞かせてくれる。私たちが「手に入れる」というのではないし、備えをなしうるというのでもない。私たちが備えをなしうるとすれば、それは唯一、聞いたときだろう。実際の話、おさらいをすることに等しいだろう。明るいアドベントの季節は、その輝きを、暦の上ではあとから来るクリスマスから借りていたはずだ。来たる救い主を知るためには、すでに来た救い主を知っていなければならないはずだ。なんらかのテクニックによってつかまえられるような助けは、この現実の、究極の助けではないだろう。自力でクリスマスの知らせを聞き取ろうとするかぎり、結局、自分で自分に語りうることだけを聞き取るだろう。そして寄る辺ない状態は、なんら変わることがないだろう。だから、ここで聞くべきことを「手に入れる」方法を教えてもらえるとか、伝授できると考えるなら、うっかり忘れている。ここで聞くべきことは、「耳が聞きもしなかった」こと、けれども、「神がご自分を愛する者たちに備えてくださった」ことである（Iコリント二・九）。ほかにはありえないだろう。そうあることが必然だ。すなわち、クリスマスの夜に、羊飼いたちに、天使によって告げられなければならない。「あなたがたのために、きょう救い主が生まれた！」と。

天使を連れてくることはできない。天使の来臨を期待することもできない。霊感や特別な体験を期待するのとはちがう。霊感や特別な体験は、人間がもつ可能性である。けれども、その場合に私たちが期待するのは、何事か、自分で自分に語りうることはないか、ということだけだろう。そして私たちが自分に語りうることは、私たちを寄る辺のない状態にとどめるだろう。天使は、人間の認識について神がもつ可能性である。この可能性があるところで、その実現の可否や、実現の方法をたずねることはできない。なんとも言えない。実は、天使は私たちの真ん中に（まさに天使が私たちの真ん中に立つように）立ち、私たちに（まさに天使が私たちに語りかけるように）語りかけていないのか。「あなたがたのために、きょう救い主が生まれた！」ということが、実は、（まさに、私たちが聞く準備をするのに先立って、この知らせが私たちに語られるように）語られていないのか、また語られないのか。天使が私たちの真ん中に立って語る、私たちが聞くのを神が「備えてくださった」――そう信じるよう、私たちは自分をも、ほかの人をも説得することはできない。霊感や特別な体験に心が震えることは、私たちには一度もなかったかもしれないし、この先もないかもしれない。また、もしそういうことがあるとしたら、当然疑わしく思うのではないだろうか。しかし、もし神が聞く耳を備えてくださるなら、私たちは霊感や特別な体験のたぐいを必要とせず、まったく醒めた心で、百パーセントふつうの人間として、あの羊飼いたちがそうであったように、聞く者になるはずだ。いまや、クリスマス・ストーリーの問いかけを受けとめることができる。実際、神がこのことを備えてくださったのではないのか？　そんなふうに聞くということがあるのか、またどうしたらそれを手に入れることができるのかと考えている間に、実は聞いていたのではないのか？　すると、それを認めないなら、助けを得ている者として、また、いまや役立つ者として生きようとしないなら、とんでもなく引っ込み思案なことだろう！　まさに今、神は私たちより賢く、私たちが思考を巡らすよりも明敏であるように思われる！　わたしができる？　わたしがしようとする？　そう私たちが考えているあいだに、神は答えを与え、私たちを自分の思いを超えて聞く者にすることができるのではないか。そして、天与の「素直さ」が、まさにここに存在するのではないか。心と口と行いをもって[2]、「自分は助けを得ている、また、役立つ者であらせていただける、なぜなら、救い主が与えられているのだから」と認めるところに。

人間である以上、もちろん私たちは思考を巡らすことから離れられないし、離れてはならない。しかし、私たちの思考は、聞いた答えのエコーそのものでありうるし、そうあってしかるべきだろう。したがって、ひそかな、ささやかな、けれども、喜びにあふれた応答であることに遠慮はいらないはずだ。なぜ私たちは思い込んでいるのか？　応答のない、喜びのない思考にしがみついているべきであると。いったい誰が吹き込むのか？　私たちの寄る辺のない状態は、人生の第一の真理だ、単なる第二の真理ではない、単なる影ではないと。「あなたがたのために、きょう救い主が生まれた！」という第一の真理の輝きが、久しくこの影の中に差し込んでいる。その結果、私たちは自らの寄る辺のない状態を、そんなに深刻にとらなくてよくなっている。それでもしかめ面をして、片意地を張って、第一の真理に歯向かおうとするのか？　人間は第一の真理を恐れる。クリスマス・ストーリーにおいてもそうだ。羊飼いたちは、天使を「非常に恐れた」（ルカ二・九）。有益な第一の真理《プリマ・ヴェリタス》のうちにはこのことが含まれている。すなわち、輝きのなかで、私たちはまず、自分がまったく寄る辺のない身であることを知り、それから逃れたいと痛切に思う。しかし第一の真理は、歩み入ると常にこう語る。「恐れるな！」それを聞いたら、この真理に従わなければならない。そのとき、まさに恐れてはならない。私たちは中心を語りえない。天使を連れてくることはできない。神がご自身を愛する者たちのために備えてくださることを、自分のためにも、ほかの人のためにも備えることはできない。説教を行なう教会は、約束を確実なものにしようとしてムキにならなければ、みずからと聞き手を痛ましい錯覚から守れるのだが。聖書は自足しているのだから。しかし、このことが意味するのは、単なる自足ではなく、もっと偉大なことだ。真理が呼びかけている。その約束がこここにある。クリスマス・ストーリーがここにある。野辺の羊飼いたちの真ん中に立つ天使によって。「みよ、わたしはあなたがたに、民全体に与えられる大きな喜びを知らせる。あなたがたのために、きょう救い主が生まれた！」

クリスマス・ストーリーがここにある。言葉をかえれば、これは私たち自身のストーリーではないのか、という問いかけがここにある。私たちはこの問いかけに独り合点でうなずくことはできない。だから、勇気を出してうなずくときは、自分自身に気を配ろう。キリスト者の確信についてひけらかす大演説がある。(3) そこには、人間の昔ながらの寄る辺ない状態が透けて見えるだけだ。この問いかけにうなずくことができるのはただ、この問いかけにうなずきが与えられているからだ。私たちはつつしんで従うことにおいてのみ、この問いかけにうなずくことができる。しかしまた、こう言いかえることができる。この問いかけにうなずきが与えられているなら、第一の真理が久しく語っているなら、この問いかけに独り合点で首を横に振ることもできない。もし首を横に振るなら、私たちは自分に対してだけでなく、人々に対してもうそをつくことになるだろう。「キリスト者」も「俗人」も気をつけよう。聖霊に対する罪という、大目に見てもらうのが難しい罪がある（マタイ一二・三一と平行箇所を参照）。いずれ落ち着かなくなるはずなのに、のんきに構えることのうちには、とっくに満ち足りて、安んじている[4]べきなのに、憩いなき道化を演じることと同様に、この罪が潜んでいるのかもしれない。

きょう、村や町でクリスマスの知らせが語られるとき、上よりのあの存在、純粋に上より来る世の光（ヨハネ八・一二）に関する知らせが語られるとき、教会は、すなわち、説教を行ない、聞く教会は、世とともに、とば口に立つ。天使が語ったのち、耳の聞こえない者たちの耳がひらかれたのち、ちゃんと説教し、ちゃんと聞いているか？　それは人間にできることではないが、神は何でもできる（マタイ一九・二六）。

恐れるな！

クリスマス　一九二九年

「恐れるな！」ルカによる福音書第二章十節のクリスマス・ストーリーによれば、クリスマスの夜に、野にいた羊飼いたちに、そう天使が語った。私たちのすべての教会において、また多くのクリスマスツリーの下で、この季節にもう一度、読まれ、聞かれるだろう。このストーリーが。そして羊飼いたちに近寄り語った、主の天使の偉大な「恐れるな！」という言葉が。

しかし、いったい誰が恐れているのだろう？　この励ましに富む命令、あるいは、命じられる励ましに見合うように。ベツレヘムの羊飼いたちについては、前の節にこう記されている。「彼らは非常に恐れた」（二・九）。そこに、この命令、また励ましの言葉が価値をもっていた。私たち、今クリスマスをお祝いしている者のあいだで、この恐れはどこにあるのだろう？

しばらくしてカーニバルをお祝いするのとやりかたこそ違うが、今、同じ心持ちでクリスマスをお祝いしている無数の人々のことを思う。恐れ?!　そして「恐れるな！」という語りかけは、彼らにとってどんな意味をもっているのだろう？　あけっぴろげで、純朴そうで、多くを求めない感じが、彼らを幸せそうにみせているかもしれない。けれども、彼らのクリスマスの夜は、ベツレヘムのクリスマスの夜とまったく無関係で、歯に衣着せずにいえば（ひょっとすると、人間の批評家の寛容よりも偉大な、神の寛容、という星回りに恵まれて）、ふたたび、私たちの異教徒の先祖たちにとっての、一年でいちばん長い夜、あるいはそれにすこし似たものになっている。クリスマス。ドイツの家庭のお祭り！　結構だ、いいじゃないか。すべてのコミュニストに背を向けて、年に一回、ドイツの家庭が浮き立つのがなぜいけない？　しかし恐れは?!　家でろうそくの火を灯すとき、誰が恐れについて考えるだろう？　そしてそのとき、どんな力と確信を伴って「恐れるな！」と語られるのだろう？

実際、さらに問うことができるだろう。国じゅうの教会の、まじめなキリスト教的意図をもって集まるクリスマスの群れは、いったいどんな意味で、それこそ恐れるのだろう？　教会の牧師や、司祭や、神学者はどうだろう？　人々に「恐れるな！」と大声で語り、もちろん自分はちゃんと聞いていると言うけれど。彼らが事前に恐れを経験しているなんてことがあるのか？　神学者たちは、すべての人の中で、いちばん恐れを知らない人間であると、世間に思わせているんじゃないか。そしてだからこそ、かの命令、また励ましの言葉を人々に伝えうる、最高の専門能力と影響力を持っていると思わせているんじゃないか。しかしそれにしても、彼らはただ機械的に読み上げたり、語ったりしているのだろうか？　昔のクリスマス・ストーリーの言葉なのだからと思って。結局、自分にとっても、いや、まさしく自分に無関係なことと考えて。

　こんなふうに答えられるだろうか。私たち人間は、だれもが、そして幸せそのもののような人や、自信に溢れているようにみえる人ほど、ひそかに大きな恐れを抱えていると。たしかにそうだ。たしかに、私たちはベツレヘムの羊飼いたちと同じだ。暗闇に囲まれているという点で。まばゆいクリスマスイルミネーションは、ほんのひととき紛らわしてくれるだけだ。私たちはみんな、結局、子どもだ。暗闇の中で恐れているという点で。ドイツの経済を担う、指揮官たちと兵士たちの一団[5]は、我が身とすべての同胞の暮らしに及ぶ脅威を恐れている。市民的な、教養ある、キリスト教的なヨーロッパは、いうまでもなく、自分たちの聖なる財産の上に襲いかかる東からの、前代未聞の赤い災い(6)を恐れている。教会は不安を抱えている。国民の魂に、大衆に、あまりに熱烈な、あまりに小心な秋波を送るのはその最大のしるしだ。(7)そういうわけで、私たちは恐れている。ある者は、頼りの綱であり実権をにぎる身内が、自分をどう扱うかを恐れている。またある者は、老いて一人ぼっちになるのを恐れている。ある者は、星辰のかなたで定められた運命を恐れている。ある者は、自分の頭と心のなかに強く感じる暗い衝動を恐れている。それゆえ、自分自身を恐れている。ある者は、人生の重苦しい秘密を恐れている。それは、ありとあらゆる獣の目から、また鏡に映る渇いた目から、じっと自分を見つめているかのようだ。そして、どこかで必ず待ち伏せている死の入り口を、だれもが恐れている。

そうだ。私たちは恐れている。それなのに、「恐れるな！」というクリスマスの知らせが心に触れないのはおかしい。おかしな話だが、これが現実！　クリスマスは底抜けに無思慮に祝われている。とはいえ、明らかにそこに恐れが、人生の恐れが存在している。群がる恐れを多少避けながら、見たところ、恐れを知らないクリスマスの祝祭が催されるのと軌を一にして、人生の恐れ、嫌な秘密としてだれもが知っている恐れが、祝祭の活気に影響されることなく、深いところに居座っているようだ。世が、家庭が、教会が、もう常にそうしているように、クリスマスを盛大に祝えば祝うほど、私たちはいよいよ正確に知るようになる。私たちの祝祭は恐れと無関係であり、したがって、どんなにお祝いしても、私たちの恐れについてなんの変化も起こらないだろう。

こうした事情に照らし合わせて、次のように考えられるだろう。クリスマス・ストーリーが、勝利にあふれた、「恐れるな！」という呼びかけを向かい合わせる恐れは、私たちがよく知っている人生の恐れとはまったく別のものであると。ベツレヘムの羊飼いたちがひどく恐れたのは、真っ暗な夜のためではなく、主の天使が彼らに語りかけ、主の栄光が周りを照らしたからだ（ルカ二・九）。言いかえれば、もし彼らも暗い夜のために恐れていたとしたら、その小さな恐れは、神の啓示に直面する大きな恐れのなかにただちに飲み込まれただろう（テキストを言葉通りに訳せば「彼らは大きな恐れに打たれた」となる）。そして、その大きな恐れに対して天使の言葉が答えた。恐れるな！　そこで、こう問うことができるはずだ（問うことだけが可能だろう）。私たちは小さな恐れ、私たちの人生の恐れ（それがじゅうぶん大きなものに思われるのはやむをえないだろう！）のほかに、果たしてこの大きな恐れを知っているだろうか？　この大きな恐れは、事実、小さな恐れを飲み込むことができ、小さな恐れは無効にされ、唯一、この恐れが、恐れなければならない本当に重大な恐れとして最後に残る——このことを私たちは知っているだろうか？ けれども、恐れをおぼえるときにはいつでも、少なくとも見込みがある。経済の波乱模様のゆくえ、[8] ボルシェビズム、現代の懐疑、人々、病気、自分自身、運命、死を恐れるのではなく、神を恐れなければならない。だから、まさにそのために、神以外のあらゆることが「恐ろしい」のではないか？ あらゆることにおいて、神の天使と向かい合っているゆえに。そしてこの天使を、エデンの門を閉じた抜き身の剣の天使（創世記三・二四）と識別できなくなっているゆえに。

人生の恐れ自体は、どれほど深刻なものであるとしても、暗闇の中の子どもの恐れだ。それは価値のあるものではない。なぜなら、それは心が打たれることではなく、波立つことなのだから。それは私たちを、次々にあらたな悩みの種と困惑に駆り立てるが、心をとらえはしない。私たちはそれを避けることができる、それに抵抗することができる、それを克服することができる。せめても少しばかり。クリスマスは、それこそ、カーニバルや、その他の陽気な行事と並んで、人生のいろいろな恐れを、すこしばかり克服させてくれるものと考えられているみたいだ。それと別の大きな恐れ、永遠の神の前で、短い人生について申しひらきすることへの恐れ、神と境を接していることの恐れ、神の裁きの座に立つ恐れ――この恐れは、闇が生みだすのではない。闇の中で、主の天使がもたらす。「主の栄光が周りを照らした。」ここでは恐れる甲斐がある。人生の恐れを軽視するわけでは決してないけれども！　ここでは人間の心とはらわた[9]が対象になる。ここでは心の驚きが吟味される。心の波立ちは問題にならない。ここでは逃避したり、克服したりする余地はない。私たちが恐れるあらゆることの果てで、神が自らを啓示なさるとき、そして私たちがもはや、あれやこれやを恐れるのでなく、神を恐れるとき（あるいは、あれやこれやが、いまや、神を恐れることに包まれるとき）、この恐れがもつまったく別の特質のなかで、私たちはとらえられ、逃避を企てる理由がなくなる。私たちのクリスマスの祝祭は、おかしなことに、恐れ知らずになっているのではないか？　私たちの恐れは、おかしなことに、クリスマスらしくなくなっているのではないか？　そしてそれは、私たちが目をあげて、あの果てを見ていないからではないか。すなわち、闇を引き裂いて、私たちの周りを照らす主の栄光を見ていないからではないか。神の啓示を見ていないからではないか。群がる恐れから、神への恐れに駆り立てる神の啓示を。

神への恐れ、神の啓示が私たちを駆り立てる恐れに対して、「恐れてはならない！」という言葉が、価値をもって向かい合う。ベツレヘムの野で、主の天使と人間たちは、かみ合わないおしゃべりをしたわけではない。羊飼いたちが、その面前で大きな恐れに打たれたのと同じ天使が、命令と励ましを与えた。命令しつつ、まさに励ました。励ましつつ、まさに命じた。そうして大きな恐れを、まさに大きな、真に重大な恐れを解いた。同じ天使が大きな喜びを告げた。大きな喜び、すなわち「あなたがたのために、きょう救い主が生まれた！」（ルカ二・一一）という知らせは、大きな恐れの否定だった。大きな恐れの否定、永遠の憐れみによって、神への恐れが無効になること、自らについて申し開きできない者たちのゆるしこそ、大きな喜びだった。恐れ知らずのクリスマスの祝祭は、必然的に、クリスマスらしくない恐れを伴う。この循環から突破は生まれない。しかし、どうしてそれが打ち破られないことがあるだろう。すなわち、主を恐れることのうちにあり、それゆえ、神を恐れることからの解放の中にあるクリスマス、そしてこの解放による、もう一つの恐れからの解放、私たちがよく知る人生の恐れからの解放の中にあるクリスマスが、どうして与えられないことがあるだろう。私たちと同じ人間性——人生の恐れのなかにある絶望的な人間性を、クリスマスの夜に引き受けた神性がもつ力の中で。「キリストは生まれたもう」(10)。このことを私たちにも語ってくれるのは、絶対に天使でなければならない。私たちは自分でそう語ることはできないのだから。そしてこのことを、天使としての役目を担って、説教者が語ってくれなければならない。説教者が語ってくれるなら、この天使を私たちは恐れるだろう。そしてこの天使が命じつつ、励ましてくれるだろう。なにも恐れることはないと。

約束と時——成就

クリスマス　一九三〇年(11)

「成就」という言葉は、キリスト教のオリジナルな言葉の一つである。そして教会のクリスマスの祝祭が、まったく特別に思い起こさせてくれるものだ。この祝祭は、そういう役目を持つものとして、キリストの生誕、現れ、生涯の事実にかかわっている。まさしくこの事実が、聖書の言葉において「成就」と呼ばれているのだ。新約聖書にはこの語に関するおびただしい箇所があり、それらはこの語を、キリストの現れにさきだって人間に与えられていた、約束の成就として詳説している。[12] また別の、より少ない箇所には、いくらかわかりにくい仕方で、時の成就という表現が出てくる。[13] 成就という言葉を説明するこの二つの言葉は明らかに結び合っている。というのは、私たち人間が約束を与えられているのなら、少なくとも前提があるからだ。すなわち、私たちは時を与えられている。言いかえれば、私たちはその約束を手にして将来に進み入ることができる。また、私たち人間が時を、言いかえれば、将来を与えられていて、その将来に進み入るのであるなら、常に不可欠の前提がある。すなわち、私たちは約束を手にしている。時を与えられていないなら、約束を持つこともありえないだろう。そして約束を持たないなら、時は耐えがたいものになるだろう。したがって、キリストの現れには次の内容があるはずだ。すなわち、この二つ、約束と時が成就している。しかし、それは何を意味しているのだろうか？　この問いに答えるのに、キリスト教説教は、控え目すぎてはならないだろう。とはいえまた、十分に答えようとするあまり、言いすぎてもならない。

キリスト教のメッセージに責任を負う人々によって、成就ということが、往往にしてこんなふうに語られる。「キリストの現れによって、約束は約束であることを終えた。いまや時はなく、待つこともない。」その際に、「約束は成就した」ということは、こんなふうに理解される。「約束されていたことは、いまやここにあり、人間が、まあ、あるいは特定の人々が、要するにキリスト者たちが、自分のものとし、所有し、享受できる。」また、「時は成就した」ということは、こんなふうに理解される。「これまで時が存在した所、生成し消滅すること、到来し行くこと、大いに待つことが存在した所に、いわば、大海に島が浮かぶように、いまや、人に対して、まあ、特定の人々に対して、無時間的現在の一部、永遠の一部が贈られている。」知らん顔はできないだろう。キリスト教説教は今日、ざっとみて二、三百年前から、成就について圧倒的にこんなふうに語っている。そして教えにおけるこの変化と同時並行的に、教会による暗黙の、また公然たる承認と追随を伴いながら、市民的なクリスマスの習慣がはじまった。別の言い方をすれば、いにしえの異教徒の冬至の風習が蘇った。そうならざるをえない。約束と切り離された成就、また、時と切り離された成就を、いわゆる世の激流の中にあるやすらぎの中心[14]として手に入れている、そう思えば思うほど、あらゆる種類の異教徒的振る舞いが、再びキリスト教の領域になだれ込んでくる。この成就と、それにまつわる一切を、いまさらキリストの現れと結びつけてもはじまらない――そう世間が感じるとき、非難の余地はまったくない。教会はぶつぶつ言うが、明らかに遅すぎる。じっさい、両者は無関係だ。クリスマスの習慣がキリスト教から分離しているのは、長く潜在していたことが表に出ただけであり、非キリスト教的状態は、教えの変化の当然の結果だ。

人間の現実を直視し、「成就」という言葉の原義に心を潜めるなら、この言葉の新しい理解に対して異議を唱えることになるだろう。

キリストの現れが、何らかの意味で約束を失効させた、というのは正しくない。また、キリストの現れが、何らかの意味において、何らかの人たちのために、時の流れを塞き止めた、というのは間違っている。キリストの現れによって神の国の幕が上がり、いまや教会のなかに、あるいはキリスト教世界のなかに、目に見える形で存在していると主張するなら、それは退歩的な熱狂的信心だ。世界の歴史は、キリスト以前と同様、その後も暗い歴史だった。その中には、現実に私たちの家になるような、ほんのわずかな場所もなかったし、現実的な確信をもって、「止まってくれ、お前はものすごく美しい！」(15)と言えるような、ほんのわずかな瞬間もなかった。キリスト以前と同様に、その後も次のことが存在したし、存在するのが必然だった。過去と現在に対する気ぜわしい否定の思い。遠くにあるより良きものへの憧れ。前へ、うんと前へと鶴首する心。なんといっても、教会は時代と苦楽を共にした。決して、永遠と、ではなく。「救われた人たちは、それらしく見えてくれないと！」[16] そう大声で語られたのは実にもっともなことだ。なんといっても、じっさいに教会は、毎年あらたにアドベントを祝い、一年を通じて信仰を、すなわち「望んでいる事柄を確信し、見えない事実を確認すること」（ヘブライ一一・一）を説く必要があったし、そうすることを志していた。クリスマス後の灰色の日々と、それにつづく、新しい年の巡りの心もとない開始は、ムード満点の祝祭期間の酔い覚ましとなって、次のことを思い起こさせてくれる。甘い言葉のご馳走にもかかわらず、やはり、私たちは時を与えられているし、ほんとうに、約束を必要としていると。決して安全な島に住んでいるわけではないのだと。

ここにプロテストが生まれる。それは聖書そのものから、また、教会の過去における古典的な全系譜から、「成就」についての新しい理解に対して提出される。成就による約束の除去ないし解消。キリストにおいて人間に与えられる救い、教会と説教と礼典というかたちにおいて、その人生にもたらされる救い、ただしそれ自身は、希望についての第一義的な約束、しるし、証拠にはならないはずの救い。時の流れのただ中の、救われた人々の島の確立。キリストの現れの「終末論的」理解と異なる理解。新約聖書のなかには、それについて何の形跡も見いだせない。他方、おびただしい形跡が、次のことを示している。キリストについての決定的な証に関して、私たちが恩恵を受けている人々は、旧約聖書のアブラハムからダビデ、また預言者たちにいたる人々、すなわち、乗りこえたとされる約束の受け手であり、運び手である人々と、文字通り連帯しているのを自覚していた。神の国が到来しているのではなく、こちらへ近づいている。このことが、キリストの現れ以前と同様に、その後も、時の「成就」（マルコ一・一五）について聖書が語る意味だ。可視的あるいは不可視的な、よりよい世界が現存しているということではなく、いまこそ、まさにキリストの現れによって必須のこととなり、かつ強い思いをもって、新天新地を待ち望む、ということが語られている（Ⅱペトロ三・一三）。それこそ、望みにおいて救われていること（ローマ八・二四）以外の救いのありようは語られていない。

かつて教会は、ルターやカルヴァンの教会の始まりを含めて、聖書のこのプロテストをなおよく理解していた。それゆえ「成就」について、依然、地に足のついた考え方をしていた。それゆえ、人間の現実の生活と現実の出来事を正視することができた。いつわりが罰せられるのを不安に思うことなく。それゆえまた、全権をもち、後世の承認など気にかけないで、信仰について語ることができた。それゆえ、ドイツのクリスマスの、すでにメッキのはがれかけた輝き、そして反論の余地のない外典的風習への欲求を感じなかった。それゆえに、クリスマスの祝祭の真ん中に、確固不動にキリストが存在していた。文句なしに期待できることがある。ときに、滅多にお目にかかれないにせよ、古いクリスマスの賛美歌、キリスト降誕劇[17]、その他のなかの、本物の香りを放ち、心にしみるものが保たれ、あるいは芸術的に呼びさまされて、今日のクリスマスの祝祭のなかで立ち上がる——このことは、昔のクリスマスの伝統と結ばれており、約束と時の「成就」についての、地に足のついた、真の理解とつながっているゆえに、またそのかぎりにおいて、本物であり、心にしみるものだ。

「約束は成就した」というのは、約束が過去のものになるという意味ではないし、約束されたものがいまや約束に取って代わるという意味でもない。それはこういう意味だ。「まさにその約束が、万全なものとなり、紛れもないものとなり、したがって力あるものになる。」いったい人間は、――人間が、人間であり、私たちが熟知する者であるかぎり、すなわち、罪へ引かれ、一足ごとに自分を見失い、死に傾く、そしてどう転んでも、救われた人々の生活にあずかることのない者であるかぎり、いったい人間は、神について、その約束、その言葉、その保証、その要求、その福音と律法のほかに、何を認識し、何を理解し、何を手にしているというのか？　これらに優るものを手にしている、そう思ったとしても、しょせん、がらくたにすぎない。蜃気楼、理想、幻想が、人間とともに浮かんだり沈んだりするだけだ。この人間が真に神と結ばれるとすれば、約束のおかげであり、約束を信じることによる。将来の救いを保証してくれる言葉のおかげであり、災いのただなかで、その言葉を握りしめることによる。そして要求のおかげであり、不正な世界、自らも深く関与している世界のただなかで、それを聞くことによる。神と共にあることは、常に、底なしの暗黒の海との戦いの中に光が輝くことだ。そしてその光は、約束し、前方を指さし、将来を知らせてくれる光にほかならない。

神と共にあることは、神から来るしるしである。神学的にいえば、それはサクラメント[18]である。私たちがそのようなしるしを持ち、そのようなしるしの下に生きているということは、自明のことではない。「望みを持ちなさい。[19]」誰が私たちにそう命じるのか？　大勢の人が。——しかし、人は命じるだけで、望みを与えてはくれない。私たちが拠り所とし、信じるべきしるしを立ててはくれない。私たちの現在の中に、将来を植えつけてはくれない。見せかけの、力のない約束が、おびただしく存在する。それゆえ、実にしばしば、私たちは自分が望みを失っていること、したがって神をも失っていることに気づく。そのために、しばしば、まわりの無数の人々の人生を、望みのない人生、したがって神を失っている人生として眺めてしまう。しかも、本物の神の約束も、往往にして、薄暗く、曖昧な断片であり、光であるが、ちらちらするおぼろな光だ。そのような、本物であるが、それでも成就していない約束がイスラエルの歴史であり、礼拝であり、預言だった。アブラハム、モーセ、ダビデ、その他の人々はみんな、神との本物の、完全な交わりの中にあった。なぜなら、彼らは薄暗く、成就していない約束を、あたかも成就した約束であるかのように、信仰によって握りしめていたからだ。それゆえ彼らの信仰は、薄暗く、成就していない約束への信仰であったにもかかわらず、神の前での彼らの義だった。彼らが信じた約束は、真の神による、真の約束だった（ローマ四・一八―二二）。もちろん、そのような、本物だがまだ成就していない神に関する約束を携えながら、迷うことがありうるし、成就した約束の光が訪れると、その眩しさに顔をそむけて、約束の担い手を十字架につけてしまうことが起こりうる。それがイスラエルの結果だった。しかし、ともかく、未完成な状態から完成へ向かう本物の約束が存在している。神と人との真の絆、まことのサクラメント、まことのしるしが存在している。それが戦いの中に存在し、周りを取り囲む暗黒とともに存在している。このことが旧約聖書の積極的な意味であり、このことが旧約聖書を新約聖書とひとつにしている。

新約聖書が旧約聖書と異なる点は、キリストが現れたこと、すなわち約束が完全になり、明確になり、欠けのないものになり、まさしく完結したことだ。私たちは、キリストにおいて贈られた約束と別の、より新しい、よりよい約束を待たなくていい。キリストは、本物の約束が常に人間に提供するものだけを与える。しかし、私たちがこの方以外のところで認識する最上の約束が、ただ部分的に、ばらばらに、相対的に提供したもの、また提供しうるものを、包括的に、総括的に、徹底的に与えてくれる。これ以外の約束はことごとく、成就していない約束として、成就した約束、すなわち、あらゆる点でキリストの現れとひとつである約束を、はるかに指さす限りにおいてのみ、本物でありうる。一方、成就した約束が成就した約束であるのは、本物の約束が一様に指さす対象自らがしるしになり、暗黒のなかの光になるからだ。ここに将来が、将来に属する全財産の豊かな内容が、現在の中に植えつけられている。厳正に厳格に、将来でありつづけつつ。私たちはここに、つまり私たちのうちにではなく、キリストのうちに、したがって将来的に、しかしキリストにおいて私たちのために、したがって現実に私たちに向かうものを得ている。すなわち、神の子の身分、聖徒の交わり、罪のゆるし、永遠の命[20]を得ている。人間的な、あまりにも人間的な[21]ものの現在のなかに秘められて。世界時の暗黒の中で。「言葉は肉となった」（ヨハネ一・一四）。このことは、それゆえ、啓示と信仰を必要としつづける。それゆえ、不興を買う状況がつづく。したがってこのことは、将来の啓示のモデルにとどまり、現実に、百パーセント、約束である。しかし、成就した約束である。なぜなら、約束されたもの、すなわち約束された方自身が、約束の内容であり、約束の担い手であるからだ。成就していない約束と、成就した約束は、朝焼けと日の出のような関係にある。どちらも約束、しかも唯一の、同じ約束である。いつだって、まさにキリストの現れの光の中で、信仰はアドベントの信仰になり、将来の啓示を待つ行為になる。しかしこの信仰は、誰を待ち、何を待っているかを知っている。この信仰は、成就した信仰である。成就した約束を握りしめていることで。

ここから、「時の成就」という言い方も理解されるだろう。時は、キリストの現れによって断たれない。キリスト以前の時も、たしかに無意味な時ではなかった。見せかけの約束、また本物の約束が欠けることはなく、人々はそれらに力づけられ、導かれ、しばしば道を誤り、迷いながら、それでも時を歩んだ。「成就した」約束はしかし、「成就した」時でもある。「成就した」約束としてキリストを信じることで、永遠の幕が上がるわけではない。しかし、この信仰に付き従う一人一人（使徒言行録六・七を参照）にとって、根本的に、一刻一刻が新鮮な、なおざりにできない時が開始する。なぜなら、一刻一刻のなかに、究極の将来を心にかけて行なう選択が――常に、時の終わりと目的を心にかけ、常に、将来の啓示を心にかけて行う選択が存在するからだ。常に、と言うのは、将来に属するもののしるし、すなわち永遠における成就のしるしの下に時が置かれているからだが、このしるしの下でこそ、時は能うかぎりの豊かさを持つ。最終的な、最大限の豊かさを持つ。「わたしの時は、あなたの御手の中にあります」（詩編三一・一五）。これがキリストの現れの意味だ。私たちが自覚するしないにかかわらず、「わたしの時」は、その一瞬一瞬が、近づく神の国の救いをおぼえての選択という、豊かな値打ちを伴うものになりうる。私たちの時のただ中に立てられた、希望のサクラメントの励ましと促しに対して、もはや頑なに心を閉ざすわけにはいかないのだから。神の国がすでに来ているという、キリスト教的な、また非キリスト教的な夢想は、私たちの時を深く満たしえないだろう。希望のサクラメントの励ましと促しに従って、すべての時の彼岸にある力が、此岸の力である[22]のを受け入れるとき、それよりも深い時の成就はない。

思い煩いと神

クリスマス　一九三二年

クリスマスの主題を、今回は使徒パウロの言葉によって説明させていただきたい。彼は次のように書いている。「どんなことでも、思い煩うのはやめなさい。何事につけ、賛美と祈願をささげ、感謝して、求めているものを神に打ち明けなさい」（フィリピ四・六）。

すぐ気づく。ここでは、たいていの人、ではなく、すべての人が思い煩うことが前提とされている。あえて誰も言わないが、ちょうど今、多くの人が心を弾ませ、楽しく過ごし、にぎやかにして、憂いを追いだすことに励んでいる。以前は、クリスマスの季節にもっと頻繁に、熱烈に、そうすることが試みられていた。近頃はいろいろな理由からそう単純ではなくなった。だが、この手の追いだしは、今も昔もかわらず、特別な、しかし特別賢いとはいえない思い煩いのかたちだ。つまり、ひととき、あれこれと試み、それによっていよいよ思い煩う。いったい、「思い煩う」とはどういうことかといえば、それは明らかにこういうことだ。あれやこれやの手段を用いて、大小の罪や、心配事や、重荷や、行き詰まりを、上手に処理しようと骨折ること。この骨折りのなかに悩みがからみついてくる。それも大変な悩みが。その上、まったくむなしい苦悩が。ご理解いただけただろうか? 人生における罪や、欠乏や、重荷や、行き詰まりのなかに、ではない、これらの問題をめぐる骨折りのなかに、思い煩いのなかに、である。というのも、私たちはあれこれ骨折ることで、不毛なことを企てているからだ。人間が自力で切りぬけようとするのはよくない。「人間が自力で切りぬけようとする」――このことは一語でとらえられる。その語の最もシリアスな意味で、人間の「罪」だ。だが人間は、自分が望むことを成し遂げられない。かえって、鎖によって傷だらけになってしまう。誰にも引きちぎられていない鎖によって。だから、すべての人が思い煩うことが前提とされている。

だから、人間に向かって、きっぱりとこう語られる。どんなことでも、思い煩うのはやめなさい！　多くのきれいな慰めの言葉がそうであるように、順境にあって気楽にそう語られているのではない。この言葉を書いたとき、パウロは裁判ざたの中にあり、最後に死刑が待っていた。また、彼はこの言葉を、断じて次のような意味で語っていない。何事もそんなに悪くない、まあ、少しばかり辛抱しようや。実際ここでは、人間にのしかかる罪や、心配事や、重荷や、行き詰まりが前提とされている。

この鎖が私たちに対して持つあらゆる意味を受けとめつつ。読者は理解するよう招かれている。読者自身が味わっている苦しみ、それこそ、もしかすると、読者の今年のクリスマスの状況かもしれない、心の滅入る不快な状況が、見つめられ、考慮され、とらえられている。そんなに悪くないこととしてでなく、深刻さが否定されたり、触れずに済まされたりしてはならないこととして、こまやかな思いが寄せられている。しかし、読者が注意を払うべきなのは何より次のことだ。私たちと同じ一人の人間、しかも、一人の人間がまれにのみ体験しうる深刻な状況に置かれていた人が、こう言い切っている。どんなことでも、思い煩うのはやめなさい！　自力で切りぬけようと骨折るのはやめなさい！

ここで語られていることは、クリスマスに起きたことだ。それがわかれば、この言葉がわかる。クリスマスの祝祭が、私たちに思い起こさせてくれることがある。（聖書の証言によれば）私たちみんながそうであるもの――誕生から、恐ろしい死にいたるまでの私たち人間のありかたを、そのあいだの、私たち人間が暗く重くしてしまうものの一切をひっくるめて、神が自らのものとし、引き受けてくれた。神自らが人間になることで。多難な人間、誘惑にさらされた人間、苦悩に満ちた人間、有罪判決を受けた人間、瀕死の人間になることで。このことは何を意味しているのか？　このことはこういう意味だ。すなわち、私たちの典型的なありかたが終わった。もちろん、私たちはこのありかたを持ち合わせているし、このありかたにしたがって生きる。各自、自分の時のなかで。また自分の時がつづく間。しかし、私たちはこのありかたを、もう自分の手の内にあるものとしてでなく、神によって守られ、神のもとにかくまわれているものとして生きる（別の箇所で、パウロはこう書いている。「キリストと共に神のうちに隠されている」コロサイ三・三）。これがクリスマスの神秘である。すなわち、キリストにおいて、神が私たちの人生を生き、自ら鎖を担い、自ら苦しんだ。自ら死をとげた。私たちに起きることが、ことごとく、キリストに起きた。あらゆる危機が解決され、取り去られた。復活と昇天と永遠の勝利において変えられた。探すこと、努力すること、意欲し、走ることが、ゴールに達し、冠を授けられ、完成された。まさしくこのことによって、「思い煩う」という私たちみんなの行いが、すっかり凌駕され、余計なこととされた。クリスマスの祝祭が、この神秘、「一切がなされた！」ということを思い起こさせてくれるなら、私たちはただちに理解するだろう。「どんなことでも、思い煩うのはやめなさい！」ということの意味を。なぜ、ひとつも思い煩わなくなるのか？ 人間になり、それによって、私たちのために完璧に配慮してくれた神を、飽かずに見つめる者になるからだ。すでに助けられているのに、なおも自力で切りぬけようとすることの馬鹿馬鹿しさを悟るからだ。このろくでもない骨折りを自らに課すこと、それゆえに、自分にとってとっくに意味を失っているあだな罪をくりかえすこと、その内側にある愚かさ、へそ曲がり、わがままに、ギョッとするからだ。この馬鹿げた骨折りを現実に必要としていないことを、心の底から感謝するからだ。パウロが語る、この思い煩いと神についての言葉のすぐあとには、「あらゆる人知を超える神の平和」についての、もう一つの、もっとよく知られている言葉が続く。クリスマスの祝祭が、ベツレヘムの飼い葉桶のみどりごについて、伝えるべきことを伝えてくれるなら、神の平和が私たちの心を守り、私たちはもうひとつも思い煩わなくなるだろう。みどりごによって人間に関わるすべてのことが配慮され、保たれているのだから。

そしてこう語ることができるだろう。その際、なお唯一、思い煩うべきことがあると。私たちは骨折りをすることが許されている、いや、骨折りをしなければならない――このために、まさに心を配ることが残されている。いうまでもなく、自力で切りぬけようとする馬鹿げた骨折りのことではない。では、どんな骨折りが残されているのか、許されているのか、課せられているのか？　ルターが見事に答えている。「われわれの心配りはこうありたい。思い煩わないこと。そうだ、思い煩わないこと、そしてひたすら神を喜ぶことと、人にやさしくあること。」[23] パウロも、無為に過ごそうとは言っていない。人間は生きているかぎり、大なり小なり活動するべきだ。彼はそれをよく知っている。けれども、思い煩いを追いかけることも、憂いを追いだそうとしてにぎやかにすることも（これも思い煩うことの一つのかたち）不必要だろう。クリスマスの認識に立って、本当に必要な、唯一のことを思い煩いたいものだ！　パウロによれば、この心配りは「求めているものを神に打ち明ける」ことに関わっている。つまり、私たちは求めているもの、願っているもの、あこがれているもの、望んでいるものを持ち合わせている。先に述べたように、私たちは自分の時を与えられているかぎり、人間のありかたを持ち合わせているし、このありかたにしたがって生きる。私たちが求めているものは、このことに関わる。しかし、私たちが人間であることは（クリスマスがこのことを思い起こさせてくれる！）、もう私たち自身の手の内にはない。それゆえ、私たちは自分が求めているものを、もう自分のために持ち合わせていることはできないし、それらを自分で解決しようと思わない。私たちは求めているものを本来の場所に置かなければならない。イエス・キリストが、私たちの人間的なありかたの一切とともに、それを本来の場所に、すなわち神のみまえに持って行ってくれたのだから。イエス・キリストにおいて、彼の誕生、彼の死、彼の復活において助けられている、それを私たちは受け入れる必要がある。「助けられていることを受け入れる」ことこそが、私たちのなすべき心配りである。そして、そのために要する賛美と祈願が、自分に課すべき骨折りである。

そう、このことが必要だ。求めているものを御前に置くことが真実であるために、神を賛美し、神に祈願することが。私たちは時を与えられている人間の分に従って、大なり小なり活動するべきだ。けれども、大なり小なり活動することに意味と力を与えるのは、神賛美と祈願である。だから、求めているものを神に打ち明ける者でありたい――それはこういう意味だ。「とことん、助けていただく者でありたい、飼い葉桶のみどりごによって、じじつ助けられているとおりに。」それだから、ここで語られていることのなかで、感謝が際立つ。大なり小なり活動することだけでなく、賛美し、祈願することも、感謝から、喜ばしい承認から真に始まるのでないなら、それこそ愚かしい滑稽な自助努力になってしまうだろう。自助努力はありえない。まったく不要なことだ。私たちは助けられているのだから。大なり小なり活動することのなかで、そして最良の祈りをささげるなかでも、依然として自助努力のにおいがするもの一切は、明白に、無条件に、全面的にむなしい。「神は、大きな御愛を証しするために、実にこのことを私たちにしてくださった。キリスト者はこぞって喜び、永遠に感謝しなさい。キリエライスとは「私たちを憐れんでください！」という意味だ。今一度、唯一の正しい心配りを取り戻したいものだ。「神は、実にこのことを私たちにしてくださった！」という感謝のうちに保たれ、包まれるなら、私たちの心配りは、たしかに正しい心配りである。追いかけたり、にぎやかにしたり、自助努力するのではなく、神の助けを乞う叫びである。しかも、すでに助けられている者たちがあげる叫びである。そう、キリエライスの賛美歌を歌えばいい！　さしつかえがあるだろうか？　災いの年である一九三二年[25]が、私たちにとって救いの年にならないはずがあるだろうか？　神のクリスマスの日は、私たちに単純な事柄を告げる。それを同じように単純に拝聴するなら。

ひそやかさ

クリスマス　一九三三年

あなたがたは、布にくるまって飼い葉桶の中に寝ている乳飲み子を見つける。これがしるしである。（ルカ二・一二）

ベツレヘムの羊飼いたちは、「布にくるまって飼い葉桶の中に寝ている」乳飲み子を見つける。聖書テキストによれば、このことが、この乳飲み子が救い主、主キリストであることを彼らに示す「しるし」になる（ルカ二・一二）。天の神と、地上の人間とのあいだに平和が結ばれていることの「しるし」になる（ルカ二・一四を参照）。そして、それゆえに、正真正銘の勧め、命令、希望が与えられていることの「しるし」になる。布と飼い葉桶がその「しるし」になる。なんてふしぎな話だろう！　布と飼い葉桶は、こういう意味だと思うが。追放、貧困、苦境、欠乏。「これがしるしである」？　天の神と地上の人間が、現実に真実に契りを結ぶ、そんな奇跡をだれがここに求めるだろう？　このしるしは、それと反対のこと、神の怒りと人間の無力、深刻な不一致について語っているのではないのか？　そのなかで人間は日を送っているのではないか？　励ましなく、命じられず、寄る辺なく。けれども、明確にこう語られている。「これがしるしである！」と。奇跡がここにある、助けを求める人々の救い主がここにいると。

　昔の教会が、このテキストのうちに、神の啓示のひそやかさが示されていると考えたのは正しい。わけても、ルターが、この布と飼い葉桶を、旧約聖書に重ねるのを常とし、この中にキリストが啓示されている、だが、ひそやかに啓示されている、と説いたのは正しかった。(26)そのとおりだ。まさに、旧約聖書はしるしであり、ひそやかな啓示である。旧約聖書は、たしかに、終始一貫して、神と人間のあいだの契約について語っている。しかしその神は、行為のあらゆる面で、聖なる、峻厳な、怒る神であり、人間は、行為のあらゆる面で、強情であり、強情でありながら無力だ。旧約聖書は、両者のあいだに平和が実現するまでに至らない。平和の実現は、神とその民のあいだの契約を約束するものだが、旧約聖書の中ではまだそこまでいかない。もちろん、それは旧約聖書にも啓示されている。だが、それと相反するように思われるものの陰に秘められている。旧約聖書は、ほんとうに平和が与えられることを示すしるしに留まっている。キリストを示す「預言」に留まっている。「あなたがたは、布にくるまって飼い葉桶の中に寝ている乳飲み子を見つける。これがしるしである！」

神の啓示をたずねても、このしるしから離れるなら、たずねることは空を切る。私たちは次のことを信頼することができるし、信頼するべきだ。すなわち、天国が地上にあるのを見ていると思う、あるいは、地上が天国になるのを見ていると思う、神と人間が和合する、あるいは調和するのを見ていると思う――そのようなところには、絶対に啓示は存在しない。目にみえる被造物、衆目を集める知性や能力、鮮やかな勝利、圧倒的な成功、豪奢な生活は、絶対に啓示ではない。まあ、そういうものがある。しかし、本気で「啓示」に接したいと思うなら、そこで見ているものは、万が一にも神からの啓示ではないことを、よくわきまえている必要がある。神からのものであるにはひそやかさが欠けている。神からの啓示は発見できない。ある芸術作品の美しさや、ある人の優れた才能がわかることや、個人や民族が自己のアイデンティティを発見しうるのとちがう。神からの啓示は、扉がひらくことだ。それも、ひとえに内側からひらく。外からひらくことはできない。発見できるのは、しるしだけであり、「まことの神・まことの人」[27]である方は隠れている。発見できるのは、ベツレヘムの「布」と「飼い葉桶」、そしてゴルゴタの十字架だけだ。キリストの励まし、命令、希望を発見することはできない。それらは賜るものだ。発見できるのは、自分が何より虚ろな存在であり、きかん坊であるということだけだ。神を発見することはできない。むしろ、神から問いかけられている。どうしてそんなに虚ろなのか、どうしてそんなにひどくわたしに逆らうのかと。実際、与えられていないのでなかったら、このしるしを発見することはできない。このしるしが私たちに与えられている。事実、旧約聖書が与えられている。律法と預言者[28]の力を借りて、このしるしが人生の中心に立てられているのを見る目を養うことができるはずだ。

このしるしを手離さない人は、神からの啓示を見いだす。キリストに、主に出会い、励まし、命令、希望を授かる。そんなにきっぱりと語れるのか？　いや、「誰か」が語れることではない。まして、きっぱりとなんて。けれども、実にきっぱりと、こう聖書に書いてある。「あなたがたは乳飲み子を見つける。」どこかの誰かが、ではなく、主の天使がそう語った。だから、主の天使にならって語ることができる。そして、主の天使がこう語るのを、確かに聞きとり、心にきざむことができる。「あなたがたはその方を見つける。」――しるしだけでなく、しるしが示すその方を。「布にくるまって飼い葉桶の中に寝ている乳飲み子」を。このしるしを堅持するなら、このしるしを断固としてゆるぎなく保つなら、その人に心おきなく、きっぱりと語れるだろう。あなたは神の啓示に向かっている、あなたは神の啓示を見いだす、と。なぜなら、このしるしと共に特色づけられるひそやかさは、何かの暗がりや、謎や、パラドックスではなく、神のひそやかさ、神の啓示のひそやかさなのだから。神からのものでない、いろいろな「啓示」に眉ひとつ動かさず、注意をそらされず、この場所、このしるしが示す所を見つめるなら、もう神の啓示を見いだしている。誤りなくこの一点へ導いてくれる円周上にある。

なぜ、ここで接続法で、条件をつけて語らなければならないのか？　もちろん、直説法で、無条件に語られている。「あなたがたは見つける！」と。しるしと、しるしが示す主キリストについては問題はない。しかし、私とみなさんが主の天使にならって語り、主の天使によるものとして受け取る、ということについてはどうだろうか？「あなたがたは見つける！」という、極めてクリスマス的な直説法が、私たちにも当てはまるには、たしかにこのことが条件になる。この条件が満たされていないなら、私たちは円周の上におらず、したがってゴールに達しえない。だが、私たちには、この条件を満たす力はない。神と人間のあいだの契約を堅持し、真剣に、ぐらつかないで守る、それをいったい誰がなしとげられるだろう。求めている平和は、この契約のなかで、たびたび見えなくなるのだから。私たちの志の強さについては不利な証拠があるばかりだ。そうすると、啓示の奇跡がすでに人間に訪れていて、人間はこのしるしを堅持することができるというのは、ありえない話になるのだろうか？

いや、どうしてこの条件が満たされていないはずがあるだろう。クリスマスの直説法が知らせてくれないはずがあるだろうか。私たちが外に置かれなければならないことはないと。ゴシックの大聖堂の入り口のような、そびえ立つ奇跡を眺めなければならないのではないと。そうではなく、建物の中にいると。「あなたがたは見つける！」このことを、私たちがほんとうに主の天使にならって語り、ほんとうに主の天使によるものとして聞いたのであれば！

したがって、しるしと、しるしが示す方のあいだにある神秘な中心にいるのであれば。「あなたたがのために、きょう救い主が生まれた！」（ルカ二・一一）。私がこのことを、少なからず確かに語った、そして、少なからず確かに、読者のみなさんに届いたということがありうる。私が？　このことを？　そう、天の神の御許に不可能なことは何一つない（ルカ一・三七を参照）。そのゆえに、みこころにかなう人々の地においても、不可能なことは何一つない（ルカ二・一四を参照）。

あなたがたのために、きょう救い主が生まれた

クリスマス　一九四一年

『ドゥ』(29)の編集者から、今号に「本質的でシリアスなクリスマスの考察」を書いて、本誌の魅力的で興味深い、また考えさせられる色々なものに「村の真ん中にある教会」を添えてくれないか、と言われた。「本質的」といって、おそらくこういうことが考えられているのだろう。クリスマスの祝祭の要点、テーマ、内容に、明確に関係するもの。そして「シリアスな」というのは、私がまちがって受け取っているのでなけ

れば、こういうことだろう。困難で恐ろしい、驚くべき現実、一九四一年[30]の人間として私たちが体験している現実に対しても、同じように明確に関係するもの。多くの人は、「本質的でシリアスなクリスマスの考察」なしにお祝いするのが好きだ。しかし私は個人的に確信している。おおかたの人が、いや、根本的にはすべての人が、別の仕方でお祝いしたいと願っている。クリスマスの出来事から来る言葉、私たちみんながよく知っているが、同時にふしぎなこの言葉が鍵になるだろう。「あなたがたのために、きょう救い主が生まれた」（ルカによる福音書二・一一）。そう誰の力も借りずに語られている。この言葉に耳をすますなら、その人は自ら進んで、本質的でシリアスなクリスマスの考察を行なうにちがいない。私が述べることが、そのような人たちがよく思いめぐらすための一助となるよう願っている。救い主が生まれた。このことが、クリスマスにおける「本質的なこと」だ。クリスマスの音楽や、絵画や、文学などの芸術、クリスマスのおだやかな、またほのかな喜び、それらはいずれもこのことに向かっている。クリスマスをお祝いしながら、本質的になにを体験し、なにをしているのかを知らないのは、このことに心を配らないからだ。救い主が生まれた！　救い主とは、助け主のことだ。世に生まれたときも、再び逝くときも、私たちは寄る辺のない身ではないか。古い賛美歌のなかにこういうのがある。

私は裸で寝ていた
私がやってきて
最初の息を吸ったときに
私は裸でゆく
いずれこの世から
影のように消えるときに(31)

私たちはこちらからあちらへ、「人生」という名の道を歩みながら、自力で切り抜けられると思っている。なんという思い込みだろう！　このことからわかる、救い主とは誰か、また何であるかを。彼は私たちと同じように生まれ、私たちが死ぬときのように死んだ。寄る辺なく。しかし、彼が生まれ、神の子として死んだのは、私たちを——私たちの人生、私たちの誕生、私たちの死、そして私たちの世界を丸ごと——、虚無の底なしの淵を越えて、神のもとに運ぶためだった。そのことによって、このすべてが神により、命と永遠の栄光を着せられるためだった。このように、彼は私たちを助けてくれる。完全無欠に助けてくれる。彼は生まれた。このことは、彼が思考の産物、つまり私たちの想像力がこしらえた存在でないことを示している。私たちはそれらによって自らを助けたい、願うとおりに完全無欠に助けたいのだが、そうすることができない。彼の助けは堅固なリアリティである。彼が特定の時に、特定の場所で生まれたのと同じように。のちの彼の死と同じように。彼を得ようとするなら、虚空をつかむことにはならない。彼は生まれた。このことはまた、次のことを示す。彼の助けは、すべての時代のために、すべての世界の時と、すべての人の人生の時のために、すでに成し遂げられた、すでに行われた。不滅の出発点がここにある。誰もが、また全世界が、彼を助け主とみることができる。助け主がすでに到着し、最前線に立ち、神の御前で私たちのために働いている。したがって、クリスマスの「本質」はこの人であり、その働きのことだ。たしかに、私たちはそれを無視したり、忘れたりすることができる。どこかに救い主が生まれても、自分とはなんの関係もない。そんな態度をとることができる。自分はどういう人間なのか、何がしたいか、何をしたらいいか（それがとても単純なことであっても！）わからない。そんなふうに言い繕うことができる。そんなとき、皮肉なことに、私たちのクリスマスは、芸術的な、また人間的な光彩を放ちながらも、中心は空虚なものにならざるをえない。そしてクリスマスが空虚になるとき、過ぎた一年も空虚になり、来たる年もおなじく空虚になるだろう。しかし、私たちのクリスマス、そして私たちの年月は、勇気と励ましとすばらしい望みに満ちたものになる。その扉がひらく。中心に存在する完全無欠の助け主を仰ぐなら。寄る辺ない幼な子、十字架上で寄る辺ない死を遂げた彼を仰ぐなら。彼はまさに、比類なき王である。

あなたがたのために、きょう救い主が生まれた。さあ、この聖句に集中しよう。そうすれば、クリスマスの「シリアスさ」が何であるかがわかるだろう。シリアスさ。それは重みがあることであり、存続する力と、現実に関わる力をもつ。「あなたがた」という言葉は、昔この言葉を聞かされた、野にいた羊飼いたちのことであるとともに、私たちのことだ。

私たち人間のことだ。民族の区別なく。社会的立場や、物の考え方によ
る分けへだてなく。善人であるか、悪人であるか、順風にあるか、逆境
にあるか、現状に満足しているか、不満であるかによらず。みんなのこ
と、また、例外なしに一人一人のことだ。そして「きょう」という言葉
は、私たちの過去と未来に当てはまるのと同様に、私たちの現在のこと
だ。昨年、また来年もそうであるように、戦慄と、奇怪な出来事に満ち
ている一九四一年のことだ。なぜなら、この言葉が最初に語られた日は、
すべての日の一日なのだから。つまりこの日は、すべての過ぎ去った日
と、来たる日を含む日なのだから。きょう、というのは、まさしく私た
ちの日のことだ。その私たちに対してこう語られている。「救い主が生
まれた」と。このことのシリアスさを理解するために何より肝心なこと
は、語られていることが私たちの態度に左右されない事実であることを、
シンプルに心にとめることだ。これは二たす二が四である以上の事実な

のだから。信仰と不信仰、理解と無理解、経験と未経験——このいずれもが私たちの側にあるだろう——を凌駕して、このことが決定され、実現された。「あなたがたのために、きょう救い主が生まれた。」

世界は今ふたたび、大混乱に陥るように見える（私たちは本当にその方向に進んでいるし、どうやらそれを望んでいるようだ）。このことは事実だろう。しかし、私たちが気づいているか、認めるか、認めないかにかかわらず、このこと以上の事実がある。悪意と悲惨にみちた私たちの世は、きょう生まれた救い主によって担われ、あらゆる裁きと暗黒を通り抜けて神のみもとに運ばれる。「無神論者」でありたいと思う人がいる。また、自前の信仰に生きたいと思う人がいる。その人には魅力があることなのだろう。どんな結果が得られるかは、本人の問題だ。しかし、その人にとって、もっと重要なことがある。その人に対しても、このことが不動の重さをもって語られている。「あなたがたのために、きょう救い主が生まれた！」客観的な事実に逆らうのは生産的ではない。ここに、事実のなかでも最も客観的な事実がある。これがクリスマスのシリアスさだ。加えて、このシリアスさに対応して「村の真ん中にある教会」が存在する。ほかの人間的な意味をもつ場所、また無意味な場所のただなかに特別な場所がある。その場所は唯一の目的を持っている。それはクリスマスの季節に、またそれ以外の時も、あらゆる言語で、「あなたがたのために、きょう救い主が生まれた」と語ることだ。多少とも上手に、多少とも賢く、理解できるように、そして喜んで、根気づよく、くりかえして。人が聞くようにと。その場所に足を向けないための理由はいろいろあるだろう。しかしそうするのは、よく考えてみれば、軽率なことだ。そうしょっちゅう聞けるわけではないだろうから。慈しみ深い神は、いまいちど、軽率な人たちをつかまえてくださる。だから、そのような人たちもこの機会に気づいてほしいものだ。いずれにしても、その場所で、足を向けたくないまさにその場所で、年々歳々、ほんとうに、世の終わりまで（マタイ二八・二〇）、「あなたがたのために、きょう救い主が生まれた」ということが語られるということを。そしてそれを聞くべきだろうということを。しかもこの言葉が、クリスマスのシリアスさを伴っているということを。この言葉が語ることは、永遠から永遠へと決定され、果たされている。クリスマスのシリアスさはここに由来している。少なくとも、次のことをみんなが承知しているとしたら、素敵なことにちがいない。この言葉と共にあり、クリスマスの中心にある事柄は、無関心によっても、反論によってもびくともしない、客観的な事実と告知である。実際、無関心も、反論も、変わる余地がある。クリスマスのシリアスさは、どこかの高み、私たちを超越し、私たちの外にある所にあり続けず、私たちの心に染み込む力を備えているのだから。

クリスマスのシリアスさが染み込むのを受け入れる人は、信じている。

それ以外のことはすべて、信じることとの代用品だ。正しく信じること、クリスマスのシリアスさが染み込むのを受け入れることは、はるかに単純なことであるはずだ。きょう私たちは、きょうなされたこと、きょう私たちに語られたことを、心に彫りつけることができる。救い主が生まれていて、その完全な寄る辺なさにあって、捨て身で最前線に立っている。昨日までは夢にも思わなかった人も、きょう、このことを悟ることができる。クリスマスのシリアスさは、誰でも、そしてあらゆる状況において、ただちに理解でき、現実に命あるものになる力を備えている。誰もがそれと共に生きられる。私たちのためにきょう生まれた助け主に、助けていただこう！　この方に助けられている者として生きよう！　多くのことはなくてもすませるが、このことはなくてはならないことだ。そうだ。クリスマスのシリアスさは、誰の心をも納得させることができる。本当の意味で、蒙をひらくことができる。人間に刻印されている死のシリアスさ、そしてまさに私たちの時代に当てはまる、苛烈な死のシリアスさと渡り合えるのは、クリスマスのシリアスさだけであると。それゆえにこそ、このシリアスさが私たちの心に染み込み、私たち自身のシリアスさになることが必要であると。

たしかに、なんらかの世界観や、なんらかの生活感情のゆえに、クリスマスのシリアスさに心の戸を立てることができるだろう。その場合には、私たちが共に体験している滅茶苦茶なありように驚かないようにしよう。気味の悪いうつろな音が、足元の地面からしきりに響くようであっても。クリスマスのシリアスさを政治から締め出すことができるだろう。その場合には、驚かないようにしよう。一方で、何もかもが野獣のような残酷さを帯び、他方では(私たちの間近で起きていることを思い浮かべている)、情けない卑しいありさまが幅をきかすのを。クリスマスのシリアスさを建前として尊重しながら、実際には否定することができるだろう。その場合には、なおのこと、驚かないように。自らの建前とともに、自らの行ないも、結局極めて不満足なものにならざるをえないのを。そんなふうに反応することが必要だろうか？　そんなふうに反応しないようにと、親しく呼びかけられている。「きょう」ということが、同様にとても重要な意味をもつ別の聖句がある。「きょう、あなたたちが神の声を聞くなら、心をかたくなにしてはならない」（詩編九五・八、ヘブライ三・七以下、四・七）。心をかたくなにすることは、誰にとってもよいことではない。そしてかたくなな心だらけの世界は、よい世界ではありえない。誰も強いられてはいない[32]。誰に対してもひらかれている。クリスマスの本質的なこととシリアスさは、私たちが役立てるためにある。最後に、もう一つ聖句を引こう。「さあ、おいでください、すっかり用意ができています」（例えば、マタイ二二・四）。実際、主観的にも——受けとめる、受け入れる、適用する、ということについて言っている――、このことが、聞き逃されずに語られることが必要だ。「あなたがたのために、きょう救い主が生まれた。」

福音

クリスマス　一九四六年

『スイス画報』[33]クリスマス号を、多少とも興味をもって、ざっと目を通す人々、電車の中や、レストランや、家や、またほかの場所で。そんな人々のことを想像しながら思う。そのうちのどれだけたくさんの人、あるいは、どれだけわずかな人が、ひととき、ページをめくる手を休めて、これから記すことに関心を払ってくれるだろうか。クリスマスの中心は、プレゼントや、行事や、ムードや、習慣などではなく、福音だ。

あの時分も暗い世に、福音が天からもたらされた。明るい稲光のように、世の終わりと新しい出発を示すために。

これだけ読んで、ページをめくる読者がいるのではないかしら。話はわかっているから。わかっていると思っているから。正直な話、少年時代の私たちは、そんなふうに、みんな少しばかりせっかちに、クリスマスの中心をまたいで、付録に急いだものだ。誤解のしようがない。福音に耳を傾ける人は、いつも少なかったし、心をとらえられる人も、やはり、いつも一握りだろう。そんなわけだから、だれをも責められない。まあ、少なくとも、私たちの国スイスでは、多くの人が、おおむね良好な暮らしぶりにあるといえる。それだから、私たちはこの祝祭の時、いろいろな楽しいことに思いをむける暇があるし、気持ちもある。ところが、福音には耳を傾ける暇も、気持ちもない。そしてきっと、国境の向こう側でも同じだろう。大きな悲しみ、悲惨、困窮のゆえに、耳を傾ける暇も気持ちもないだろう。それこそ責められない！　大きな楽しみのために、または大きな悲しみのために、聞く気がない、あるいは、とうにそっぽを向いているから、あるいは分からず屋だから、耳に入らない場合も、いよいよとなれば、福音がその人を責めてくれる。私たちの国でも、向こうでも、どうやら一番難しいのは、賢い先生たちらしい。教育や社会改革のアイデアが頭にちらついていて、それをじっくり考えることが、クリスマスの唯一最善の過ごし方だと思っている。ちょうどきょう、拙宅にこんなタイトルの印刷物が届いた。「できる方へのプラン」。どうやらいつも、できる人こそ、クリスマスの福音にいちばん耳を傾けそうにない人だ。頭の中に言いたいことが一杯だから、頭の中にないことは耳に入らない。いやいや、そんな人のことも悪く言っちゃいけないな。

一言でいえば、福音は、聞かれるか否かにかかわらず、揺るがない現実だ。ちょうど、空に太陽がのぼると、万物に輝きが与えられるようなものだ。福音に耳を傾ける人は、それを喜ぶ。その喜びは、ほかの何物とも比べられない。楽しいことがあるから、あるいは困窮しているから、あるいは、とても「できる」から、聞く気がない、あるいは耳に入らない人は、もちろん、ひとつも喜ばない。しかしそれでも、そしてそのような人のためにも、福音は現実だ。福音が一度告げられたことを、誰も打ち消すことはできない。あのとき以来、福音は効力を持ちつづけている。善人にも、悪人にも。信仰のない人にも、信仰の厚い人にも。福音は世界の現実だ。揺るがずに働きかける力がある。なんといっても、神がそうであるように。私たちは神を忘れることができるだろう。神を否定することができるだろう。神について間違ったイメージをこしらえることができるだろう。困ったことだ。けれども、私たちがどうあろうと、神自身はいささかも変わらない。なんといったって、神は「わたしは在る」という方だ（出エジプト三・一四）。だから、このことに気づいて、このことに信頼する人は幸いなるかな、そう語ることが、私たちの分だ。このことに気づかず、このことに信頼しようとしない人々を咎めることなどできない。そのような人々が、神なしで過ごしているとしても、神は、そのような人々なしですまされないからだ。神はそのような人々のためにも神でいらっしゃる。

クリスマスの福音は、まさしく次のことに関わっている。すなわち、神は、無条件で、すべての人のために在る。このことが、俗に言うように「露見」した。暗い世界に対して、その終わりと、新しい明るい出発を示す明るい稲光として。このことを告げる神の言葉が、イエス・キリストというあの夜に生まれた人だった。「神が私たちのために在る。」この言葉がまだ告げられず、この現実がまだ知られないときには、世の混乱と、一人一人の人生のもつれた状態は、長く、果てしなくつづくようであり、それゆえ、望みはないように思わざるをえなかった（たとえば、まもなく過ぎ去る一九四六年の、いわゆる平和交渉のように）[34]。しかし、いまや、この言葉が告げられている。このことがすべてのことを一新してくれる。なぜなら、大きな混乱にも、ドタバタ劇にも、この言葉が限界を定めてくれたからだ。現在の混乱を神が片づけてくださる日が明けはじめている。あの夜、それが現実として告げられ、今やすべてのことが変えられているからだ。

「人はそれについてまったく気づいていないね。」おっしゃるとおり、どうして気づくようになるだろう？　この知らせを聞く気がないなら。この知らせが耳に入らないなら。人がそれに気づき、ふさわしく喜ぶことができるのは、たしかに、耳を傾けることにかかっている。けれども、それが現実であることは、耳を傾けることに左右されない。世界と人生のひそかな現実、しかし、耳を傾ける人にはまったく明らかな現実が語る。「神が私たちのために在る」と。したがって、ナンセンスが私たちを支配しているのではない。私たちは馬鹿げた振る舞いをして、負担をかけ合い、お互いを不幸せにしているが。また、不正義が支配しているのではない。私たちはおおっぴらに、あるいはひそかに腹を立てながら、実際にはいくらかそれに加担しているけれども。また、墓が支配しているのではない。私たちはみんな、いつの日か、栄誉に包まれてか、不遇のうちにか、そこに葬られるけれど。あの夜に告げられたように、神が私たちのために在る。片方では、これら一つ一つが、作り話に都合のいいテーマになっている。私たちはいつでも、――耳に入るなら、聞こうとするなら、作り話に対して威厳を保ち、憂いなく望み、毅然としていられる。これらの支配は作り話であり、神のご支配が現実だ。耳に入らず、聞く気がないために、私たちがかくれんぼするときも。無関心や、あきらめ、あるいは自分や他人がこしらえた妄想によって、みずからを慰めようとするときも。クリスマスの福音は、常に、「それにもかかわらず」動かない現実だ。これがクリスマスの福音のすばらしさだ。

「宗教的」なことは読む気がせず、おそらくこの小文に付き合ってくれなかった読者のことを今一度振りかえりながら、私は思う。残念だなあ、「宗教的」なことではなく、現実の人生と現実の世界、イエス・キリストが誕生したあの夜以来、神が私たちのために在るという現実の、明るい光の中にある人生と世界についてお話ししているのに。「神が私たちのために在る。」だれもこのことに値しなかったし、値しない。それだから、神が共にいてくださるのを、だれも妨げられない。聞こえない耳によっても！　いや、ぜったいに聞こえない耳などありはしない。向こう側の困窮する人々も、こちら側の、まずまずの私たちスイス人も、今、もしかすると耳を傾けているかもしれない。いよいよ耳をむけるかもしれない。そうなったら、どんなにか多くの不機嫌や、幻滅や、退屈を一掃できるだろう！　この意味をこめて、拙文を終わりまで読んでくださった読者にご挨拶申し上げる。クリスマスおめでとう！　正しく理解するなら、何がどうあろうと、喜ばしいクリスマスをお祝いする理由がある。

大きな「はい」

アドベント　一九五九年

「はい」という言葉の意味は、だれもが知っている。すなわち、認めるよ！　了解！　私には小さな孫がいた。いつの間にか、もうすっかり大きくなったが、彼が最初におぼえ、その後もしばらく、ただ一つ明確に語った言葉が、この短い「はい」だった。目覚めたときも、寝る前にも、一人でいるときも、人の中にいるときも、独特で、力づよく、とびきりの人懐こさで、「はい」と言った。それと並んで、いや、どんな場合も、「いいえ」と言うことなど、彼の頭にはないようだった。彼は見ること、きくことを、体ごと認めていた。このことを思うと、私は今もうれしくなり、平安な気持ちになる。なぜなら、ささやかに、遥かに、大きな「はい」を思い起こさせてくれるからだ。

大きな「はい」は、もちろん、少年の「はい」とはちがう。大きな「はい」は、明確な「いいえ」をも持つ。それと並んで、ではない。それ自身のうちに！「いいえ」という言葉は、こういう意味だ。認めないよ！間違っているよ、お門違いだよ、いけないよ！大きな「はい」は、そのような「いいえ」を含んでいる。しかも、この「いいえ」ほど鋭い「いいえ」はほかにない。大きな「はい」がよく響き、聞きとられるとき、世と人間の傲慢や、愚かさや、虚偽や、自己欺瞞が白日のもとにさらされる。それらが非とされ、裁かれる。あらゆる独りよがりや、うぬぼれは崩れ去る。なぜなら、大きな「はい」の前では、誰一人、言い訳できないし、天狗になれないからだ。なおも自分を正しく、善いと思えるとしたら、まだ大きな「はい」を聞いていない証拠だ。

大きな「はい」は、「それにもかかわらず！」の「はい」だ。世にむかって、人間にむかって、「はい」と鳴り響く。世よ、わたしはお前を愛している。人間よ、わたしはお前を愛している。そうとも、お前を認めるよ。了解。お前が百パーセント、それに値しないにもかかわらず。実際、これと逆の理由が五万とあるにもかかわらず。わたしはお前に「はい」と言う。お前に「いいえ」と言うのに十分な理由に対して、それに勝る理由を向かい合わせることによって。すなわち、わたしの明るい、正しい、聖なる「それにもかかわらず」、恵みの「それにもかかわらず」によって。唯一、この「それにもかかわらず」において、わたしはお前に「はい」と言う！　だから、「いいえ」もちゃんと聞きとるんだよ。わたしはお前に「はい」と言うことによって、「いいえ」をも語っているのだから！　「はい」の中にあるひそやかな「いいえ」を聞きとらないなら、わたしの言葉を聞いているとはいえないよ。

大きな「はい」は、「それゆえに！」の「はい」だ。世にむかって、人間にむかって、「はい」と鳴り響く。世よ、それにもかかわらず、わたしはお前を愛する。人間よ、わたしはお前を愛する。逆の理由が五万とあるにもかかわらず、お前を認めるよ。了解。なぜなら、わたしは徹頭徹尾、お前を憐れむからだ。なぜお前を憐れむかといえば、わたしはお前に対して誠実を貫くからだ。なぜお前に対して誠実を貫くかといえば、わたしがお前を創造したのであり、お前を救い、完成する者であることを、胸にきざんでいるからだ。わたしは自分に対して誠実であり続けたいからだ。わたしが「はい」と言うこの理由、すなわちわたしの憐れみ、わたしの誠実、わたしの胸にきざんだ思いは、わたしがお前に「いいえ」と言う最も深い力ある理由に優っている。わたしはこの理由から、わたしの明るい、正しい、聖なる「それにもかかわらず」を、わたしの「いいえ」に向かい合わせる。この理由から、わたしは怒るには怒るが、それは大きな愛の怒りだ。わたしは大きな愛によって、お前を不意打ちしよう。わたしは「いいえ」と言う。けれども、その「いいえ」は、なんらかの点でわたしの「はい」と並ぶものとしてでなく、あくまでも「はい」の中に含まれ、包まれた、ひそやかなものとして響く。また、この枠のなかで聞きとるべきものだ。

大きな「はい」は、「そのために！」の「はい」だ。つまり、目的と意図をもっている。世にむかって、人間にむかって、「はい」と鳴り響く。わたしはお前を憐れむ。お前に対して誠実を貫く。お前の作り手、救い手としての慈しみを胸にきざんでいる。お前に対してまったく別の態度をとるべき理由に動じない。わたしがそうするのは、お前を呼び出すためだ。お前をわたしのもとに立ち帰らせるためだ。わたしのもとに引き寄せるためだ。したがって、お前のお門違いから救いだすためだ。お前を新しい世に、新しい人間につくりかえるためだ。だから、たしかに、お前に対する有罪の判決と裁きを行なう。したがって、どうしてもわたしは「いいえ」と言わなければならない。しかし、堅い決意をもって、躊躇なく「いいえ」を「はい」のなかに包み込む。堅い決意のゆえに、わたしの「いいえ」は、最初の意思表示でもなく、最後の言葉でもない。だから、わたしの恵みの言葉と並んで、またわたしの恵みの言葉と矛盾するものとして響いたり、聞きとられるべきではない。わたしの「いいえ」は、わたしの恵みが本当に不羈な恵みであることの、これ以上ない確かな実証である。わたしはお前の蒙をひらき、お前を助け、お前を救う。すべてに優越するわたしの「はい」のほかに、何がお前に光を与え、助けを与え、救いを与えることができるだろう？

私たちは神の「はい」について語っている。神より賜る「はい」が、それにもかかわらず、それゆえに、そのために語られる。この大きな「はい」は、あの小さな「はい」とはちがう。「いいえ」を包み込み、しかも凌駕している。それは「人の心に昇らなかった」（Ｉコリント二・九）[35]ことだ。だから、この大きな「はい」を、誰もおいそれとは口にできない。世についても、自分についても、仲間についても！　しかし、神がこれを語った。そして語ってくださる。それは神の恵みの言葉として、私たち人間のところに下った。この大きな「はい」は、クリスマスに語られた。そして受難日に、イースターの朝に、ペンテコステに。イエス・キリストが、大きな「はい」だ。イエス・キリストにおいて、世と人に対する神の「いいえ」、神の有罪判決と裁きが、ぞっとするかたちで示されつつ、神の憐れみ、神の誠実、神の慈しみの思いの中に包み込まれている。私たちの蒙をひらき、助け、救おうとするご意志の中に納められている。イエス・キリストにおいて、神は明確に私たちを認めておられ、明確に了解してくださっている。もう一度、パウロの言葉を引用しよう。「神の子イエス・キリストは、『然り』と同時に『否』となったような方ではありません。この方においては『然り』だけが実現したのです。神の約束は、ことごとくこの方において『然り』となったからです。それで、わたしたちを通して神をたたえるため、この方を通して『アーメン』と唱えます」（Ⅱコリント一・一九―二〇）。

わたしたちを通して？　そう、わたしたちを通して。イエス・キリストにおいて発せられる大きな「はい」を、私たちに語られたものとして心にとめる、そしてイエスによって生きる、別言すれば、飢えたる者に差しだされる日毎の糧によって生きる――このことに同意するように、との願い、招き、勧めに従うなら、従うことによって、従う場合に。正直であろうとするなら、私たちはこのことを、自らが生みだし、おおやけにする見解、また教理、理論として告げることはできない。他の人たちも頭を振るばかりだろう。本当であるにしては素晴らしすぎる。実用的であるにしては出来すぎている。かつて私の孫がそうだったような、幼い子ども向けの話ではないか。あるいは、キリスト者、その他のおめでたい人々向けの話ではないか。現実的な大人向けの話ではないだろう。人生の戦いの中にあるなら、身にしみているはずだ。どんな「はい」も、かたわらに「いいえ」がある。うしろから「いいえ」が忍び寄る。しばしば、「いいえ」の連呼が空間全体を満たす。たしかに、たしかに！　私たちを含めた、およそ人間の見解、また私たちキリスト者の見解や、教理や、理論を、疑わしく思う理由は事欠かない。しかし、大きな「はい」、イエス・キリストという名をもつ「はい」、イエス・キリストを内容とする「はい」には、保留すべき点も、疑うべき点も、反論すべき点も見つけられない。この大きな「はい」の現実と力のなかで、すべての「いいえ」――世と私たちに対して、至極もっともな理由から発生するだろうし、実際に発生する「いいえ」は、小さな「いいえ」になる。この大きな「はい」のなかで、世も、私たちも、それこそ、誰一人回避できない戦いのさなかで、手厚く守られ、同時に、罪と死と、悪魔に対して、元気よく立ち向かう力が授けられるのを認めることができる。この大きな「はい」において、私たちみんなに、あらがえない「前進せよ！」との呼びかけが発せられる（神の子の自由へ向かって前進せよ。ローマ八・二一）。この大きな「はい」によって、私たちは、まさに現実的な大人として生きる力と根拠を与えられる。ひとえに、この大きな「はい」によって！

　結びに、私なりにアドベントのうめきを記させていただくなら、こういう言葉になるだろう。ああ、世にある教会の声が（神学者たちの神学が、説教者たちの説教が、キリスト者たちが互いに、また他の人たちと交わす日常の言葉が）、この唯一必要なこと（ルカ一〇・四二）、すなわち、すべての

「いいえ」を（小さなものにして！）包み込み、凌駕する、大きな「はい」を証しする者たちの声であることが、もっと、もっと明らかになるなら！

イエス・キリストはどこにいるのか？

クリスマス　一九六一年

彼は復活した。彼は生きている。そして統治している。「父なる神の右」[36]で。すなわち、まさしくあの所で。いと高き所で。世界は、すべてのレベルにおいて、そこから治められている。彼、ベツレヘムで生まれ、ゴルゴタの十字架で死んだ、その人。主であり、救い主であり、昔も、今も、将来も世を愛する（ヨハネ三・一六）神の、手厚いおこないと言葉である方。人間一人一人の兄弟であり、弁護者である方。すべての権能が、彼に与えられている（マタイ二八・一八）。

これが、キリスト者の信仰告白である。彼があの所にいる、そう心得ることは、ついでの慰めではないし、おまけの希望ではない。キリスト者の信仰の基本である。そしてこの基本を、それこそ、生活の知識にするなら、——イエス・キリストがあの所にいることを信じ、心得るなら、イエス・キリストは、あの所にいるだけでなく、ここにもいる、私たちの輪の中心にいる。キリスト者の信仰告白を、聖霊の力によって信じ、心得ることのできる人たちに向かって、実にこう言われている。「わたしは世の終わりまで、いつもあなたがたと共にいる」（マタイ二八・二〇）。

私たちキリスト者は、そのような者だろうか？　聖霊の力によって賜っているか？　そう信じ、そう心得る、ということを。もしそうであるなら、表題の問いは簡単に答えられるだろう。すなわち、イエス・キリストは、キリスト者がいる所どこにでもいると。いや、本当に、こう答えることで一件落着できたなら。キリスト者がいる所、イエス・キリストご自身が存在し、したがってまた、光と、愛と、命が、みんなのために存在している、それを人々が簡単に感じ取れたなら。

いや本当に。私たちキリスト者のうちには、聖霊に対する高慢で、怠惰で、愚かしい反抗が山ほどある。それゆえ、キリスト教を標榜していても、実際には、命のない信仰と知識が山ほどある。それらの前では誰も思い到らない。イエス・キリストが復活し、神の右にいる、しかも、全世界のために、あの所と共に、ここにもいるなんて。私たちキリスト者は、聖霊の賜物を求めることが少なすぎるのかもしれない。その結果、イエス・キリストが復活し、生きていることを拠り所にしていないか、せいぜい、半分信じているだけになっているのかもしれない。したがって、イエス・キリストをどこに探したらいいか、どこに見いだせるか、それはどんな高みか、なおかつ、どんな低いところかを、ほかの人に伝える喜びも、力も、非常にとぼしくなっているのかもしれない。

明らかなことがある。世の不信や、無知や、強情について、ぶつぶつ言うとき、私たちは必ず間違っている。「彼らに食べ物を与えなさい」（マルコ六・三七）！　十人であれ、五人であれ、たった一人であれ、欠けだらけでも、まっすぐなキリスト者がいる界隈では、「イエス・キリストはどこにいるのか?」という問いは、ひとりでにやむか、少なくとも静かになるものだ。

神の誕生

クリスマス　一九六二年

ひょんないきさつから、先日、一枚の古文書を手に入れた。羊皮紙に記され、押し印のある、およそ六百年前のものだ。内容は、その頃の複雑な手続きのなかでの一軒の家の売却と購入に関わっている。場所と日付がこう記されている。「バーゼルにて。教皇の一人、聖ウルバヌスの[37]日ののちの最初の月曜日。神の誕生から数えて一三七一年。」

「神の誕生から」！　中世の人々は、よくそう思われているほど無邪気な人々ではなかったし、私たちより善良でも敬虔でもなかった。しかし、彼らが考えることと話すことのうちには、察するところ、ひろがりがあったようだ。それは私たちの間で、なくなりこそしないものの、曖昧になっているものなのかもしれない。中世の人々は、お金や不動産や日常の営みについても「神の誕生から数えた」。このことにより、自らの時代と、歴史と、人生の神秘を、私たち以上に自覚していたのではないか。

　この神秘は、私たちが認識し、思いめぐらすことがあるかないかにかかわらず、私たちの時代と、歴史と、人生の神秘でもある。このことを思い起こさせてくれるのが、クリスマスだ。私たちはここから来た。すべてのことが、ここから「数えられている」。経済と政治のすべてのことも、ここから意味と摂理、隠れた源と隠れた目的を与えられている。誕生し、一人の人間になること――それを神がよしとされた、それもこの上ない主権において、よしとされた。この知らせ（クリスマスの知らせ）が、人間のあらゆる神観と自己理解に対して待ったをかけるものであるのは明白だ。

　万物を超越する存在、永遠であり、計り知れない存在が、誕生し、一人の人間になる。どうしてそんなことが？　そして私たちが彼の兄弟とされる。しかもそれが完璧に実現した。一三七一年前に。今から数えて一九六二年前に。どうしてそんなことが？　疑問に感じ、不平を鳴らすのに、格段の頭の冴えは必要ではない。人間の健全な理性とすべての経験への侮辱ではないのか？　しかし、幸いなことに、勝負にならない。クリスマスの知らせにおいて、「待った」が現に告げられているからだ。人間の神観と自己理解に対して、人間の健全な、また不健全な理性と、確かな、また不確かな経験にまさる仕方で。

　クリスマスの知らせは語る。ただ崇高な、深遠な、疎遠な、空間と時間を超越した、非人間的な神々の時代、そして神なしの人間の時代は過ぎ去ったと。クリスマスの知らせはさらにこう語る。私たちの時代、世界の歴史、個人の歩みを、非人間的な神々の王国、またそれにふさわしい、神なしの人間の王国とみるのは、いつもいつも、思い違い、作り事だったと。時代と、歴史と、人生の主が昔からおられ、今もおられ、常におられる。この神が、昔も、今も、将来も、人間を愛する。しかも、自らの神としての威厳を失墜させず、証明する仕方において。

人間は昔から、また今も、将来も、この神のパートナーだ。クリスマスの知らせによれば、まさに、このことが完璧に選び取られた。神が誕生し、人になり、私たちと同じになったことで。この神がまことの、命ある神だ。というのも、そのかたわらには、有象無象のにせものの、命のない神々が（そのなかの最も崇高な神々、最も霊的な神々、最も輝かしい神々も）いるからだ。そしてこの神のパートナーは、現実の人間だ。というのも、そのかたわらに、神なしでいることが、いつもいつも、幽霊のようにつきまとうからだ。この神について、ルターがこう歌っている。「この方はだれかとあなたはたずねるのか？　この方の名は、イエス・キリスト、万軍の主。それ以外のいかなる神でもない。この方が必ず陣地を守ってくださる。(38)」

　多くのことを疑うことができるだろう。しかし、この神が陣地を守ってくださるのを疑うことはできない。そして次のことも疑いようがない。神の誕生を想起する、私たちのクリスマスの祝祭は、まさしく栄光に輝く根拠、必然、力をもつ。クリスマスの賛美歌がこう讃える。「わが心よ、喜び踊れ……(39)」！　今日、一般にクリスマスの祝祭が非常に不明瞭なものになり、「踊る」気持ちが私たちに希薄になっているのはどうしてだろう？　しかも私たちは、なぜかしら生まじめで敬虔（宗教的）だ。人類の堕落ぶりや、愚かさに、お決まりの嘆き節を並べるとき、この意味で無用なことをやっている。

厄介なことだ。私たちは、仕事をし、休みをとり、高級なまた低級な「政治」に関わり、経済生活を営み、趣味に打ち込み、人と付き合うなかで、蛇足を加えるなら、遺憾ながら、実にしばしば私たちの教会において、また家族や、ほかの人間関係においても同じように、年々歳々、漫然と日を送っている。まるで、神の誕生からではなく、なんらかの神々、非人間的であるゆえに、にせものの神々の、いろいろな啓示から「数えて」いるかのように。それは結局、こういうことだ。私たちは神でない神々に仕えることのなかで、生まじめで敬虔になっている。つまり、自分の判断で神聖であるとみなし、権威あるものとして尊重する、ありとあらゆる理念や、原則や、力との関係において、そうなっている。真の神、かつて人になり、今も、将来も、人である神との関係においてでなく。

どうして驚くことがあるだろう！　いくら頑張っても、私たち人間のもとで、万事が非人間的になり、硬くなり、こわばり、ひび割れて、ひそかな、あるいはあからさまな、果てしのない「冷戦」になっても。そして、クリスマスが商売になり、いつも少しばかり憂鬱に期待し、少しばかり憂鬱に振り返るだけのものになっても。クリスマスの神秘がなかったら、クリスマスの季節は、子どもたちが歌ってくれる「うれしい」「たのしい」「きよい」とき[40]にはなりえない。

肝心なのは「教理」ではない。もちろん、よく見受けられるように、教理をぞんざいに扱ったり嫌ったりすべきではない。たとえば、健全なクリスマスの賛美歌に満ちている、まことの神・まことの人への賛美をとおして、クリスマスの神秘に注意を向けることができるだろう。またそうしたほうがいいだろう。しかし、肝心なのは教理ではなく、クリスマスの神秘それ自身だ。それが教理の形で、まあ、不器用に伝えられているわけだ。

肝心なのは神の誕生だ。これが私たちの源だからだ。また私たちが呼吸できる空気だからだ。これがなかったら、私たちは核兵器やその他の背筋が凍るものによって、あるいはまた、古き良き地球で、またいわゆる「宇宙空間」の中で、コミュニストとして、あるいはアンチ・コミュニストとして、絶望的に空気を求めて争い、ついに窒息するにちがいない。肝心なことは、神の人間性に思いを潜めることだ。なぜなら、神の人間性によって、まことの神性がはっきりわかるようになるからだ。肝心なことは、神の人間性を、私たちあらゆる種類の人間に差し出されている現実として承認し、手放さないことだ。虚無の中に迷い込むのでなく。私たちは神の人間性を発明できないし、生みだせない。そうすることとは(そうしようと思うことは正真正銘の思い上がりだろう!)、まったく求められていない。なぜなら、神の人間性は、全世界と一人一人の人間の救いのために、救いに関して唯一有能な発明者によって、もう発明されており、救いに関して唯一力ある創造者によって、とっくに生みだされているのだから。私たちは神の人間性を、謙虚に、けれども、心から喜ぶことができる。

非人間性にあらがう人間性の苦闘のなかに、最初で最後の言葉が、完璧に、有効に告げられている。私たちはこれを頼りにすることができる。そして、買ったり売ったりしているとき、「神の誕生から一九六二年を数える」ことができる。神の誕生から。それは「人知を超える」（フィリピ四・七）出来事だった。それは悪しき世に敵対してではなく、悪しき世だが、神が愛してくださる世のために起きた。邪悪で愚かな人間に敵対してではなく、邪悪で愚かだが、神がご自身の兄弟として定められた人間のために。肝心なことは一つ、私たちにできることをすることだ。

訳注

（1）『老子』のドイツ語訳（一九一〇年）からの引用。バルトはこのたとえをしばしば用いている。『ロマ書』や、神学論文、エドゥアルト・トゥルナイゼンとの往復書簡のなかにも見いだされる。Karl Barth, Der Römerbrief, Zweite Fassung, München, Chr. Kaiser Verlag, 1922, S. 238 ; Karl Barth, Vorträge und kleinere Arbeiten 1922-1925, Gesamtausgabe, Apt. III, Zürich, Theologischer Verlag Zürich 1990, S. 360f ; Karl Barth / Eduard Thurneysen, Briefwechsel, Bd.II, 1921-1930, Karl Barth Gesamtausgabe, Abt.V, Zürich 1974, S. 56. 58. 113. 329.

（2）M・リンカート（一五八六―一六四九年）の賛美歌より。M. Rinckart, Nun danket alle Gott (1636).「いざやともに」(『讃美歌』第二一番)。

（3）信仰の確信、あるいは救いの確信についての、注意深く鋭い神学的吟味が背後にある。「宗教的な人間は、頼りにならないと思われる以上のその『確信』によって、いかにして義とされるのだろうか、どんな特別な仕方でなされるのだろうか。それこそ、不敬虔な者の義認を、ぜひとも必要としてはいない者であるかのようになされるのだろうか。」Das Problem der Ethik in der Gegenwart, in: Vorträge und kleinere Arbeiten 1922-1925, Gesamtausgabe, Apt.III, S. 134. 私たち人間が神に義と認められることについて、バルトは次のように語る。「肝心なことは、……主の御名の力の中にあるものです。人間の力の中にあるものではなく。また、人間の敬虔な『確信』の力の中にあるものでなく。」Der Name des Herrn, in: Predigten 1921-1935, Gesamtausgabe, Apt.I, Zürich, 1998, S. 36-37. 人間的な確信に対する厳格な態度は、バルトの神学において、信仰とは何であるかを説明する役割を担っている。「信仰は、（たとえば『敬虔』のように）誇れるものではない。……信仰は、神は神である、という認識の、恐れとおののきと共に生まれる。」Der Römerbrief, Zweite Fassung, S. 396.

（4）パウル・ゲアハルトの賛美歌より。Gib dich zufrieden und sei stille (1666/67).

（5）第一次世界大戦の賠償方法について反対した、退役軍人を中心とする団体。鉄兜団、あるいは前線兵士団。

（6）共産主義化のこと。当時、ソビエト連邦の無神論がヨーロッパ社会に大きな精神的動揺を与えていた。

（7）一九二九年十二月、バルトは、ある神学者の文章に目をとめた。近年の教会の危機に際して明らかになったこととして、次のように記されていた。「敬虔な思考は、外側に現れている以上に深く、ドイツ国民の魂に根を張っていた。聖なる『それにもかかわらず』が勝利したのだ。」（J・シュナイダー、「教会の時代状況」）。これについて、バルトは論考「いったい、いつまで？」を発表し、以下のように述べている。「神のことが主題であるとき、教会は、こんなに浮かれた調子で（まるでそれがみじめな空言でないかのように）『ドイツ国民の魂に深く根付いた〈敬虔な思考〉』について語っていいのだろうか？」「教会が行なうべきこと、行ないうること、すなわち福音の説教が、その陰でなおざりにされてしまう。少しも欲ばらない、世界制覇的でない、自己主張的でない……ドイツ国民の魂に根ざした敬虔な思考に色目を使わない、愚直な福音の説教が。」 Quousque tandem...?, in: Vorträge und kleinere Arbeiten 1925-1930, Gesamtausgabe, Apt.III, 1994, S. 521-535.

（8） 一九二九年十月二十四日、いわゆる「暗黒の木曜日」の、ニューヨーク証券取引所での株価の暴落とそれに続く世界恐慌は、ドイツの経済にも深刻な影響をもたらした。

（9） 生きる力の中枢をさす慣用表現。聖書に由来する。「あなたの唇が公正に語れば、わたしのはらわたは喜び踊る」（箴言二三・一六）。「心とはらわたを調べる方、神は正しくいます」（詩編七・一〇）。「主よ、わたしを調べ、試み、はらわたと心を火をもって試してください」（詩編二六・二）。

（10） パウル・ゲアハルトの賛美歌より。Fröhlich soll mein Herze springen (1653).「踊れ、わが心」（『讃美歌21』第二五三番）。

（11） 一九三〇年、バルトは、「ミュンヘン新報」に、アルベルト・シュヴァイツァーの著書『使徒パウロの神秘主義』について書評を書くことになっていた。しかし、編集者への十一月十九日付けの手紙で、書評が用意できていないことを詫びながら、代わりにクリスマスに関するエッセイを書かせてもらえないかとたずねている。「このテーマに一層強く促されている気がいたします。」十二月十七日、原稿を郵送する際の手紙では、いつもより少し長いが、手を加えないで掲載してほしいと頼んでいる。「ミュンヘン新報」は、この頃、バルトがキリスト教祝祭日のためのエッセイを発表する場になっていた。本書に収めたエッセイのなかでは、本篇のほか、「クリスマスの知らせを聞く」「恐れるな！」「思い煩いと神」が同紙に掲載されている。同紙は一八四八年に創刊。一九三〇年代、ドイツ南部で最大の発行部数を誇る日刊新聞だった。一九四五年に廃刊。同年、後継紙として、「南ドイツ新聞」が創刊された。

（12）たとえば、マタイ二・一五、二三。八・一七。一二・一七。

（13）マルコ一・一五。ガラテヤ四・四。

（14）シラーの詩「散策」第一三四行より。

（15）ゲーテ『ファウスト』、第一部、第一六九九行（書斎）のファウストのせりふ。

(16) ニーチェ『ツァラトゥストラ』、第二部「聖職者たち」より。「もっとよい歌を歌ってくれないとな。私が彼らの救い主を信じるようになるように。救い主の弟子たちは、もっと救われているように見えてくれないと!」

(17) 二つの世界大戦のあいだの時期、キリスト降誕劇は、ルネサンスといえるような状況を迎えていた。

(18) 「救いのしるし」を意味する言葉。古代教会の「信仰の神秘」「神の働きかけ」の意味と結ばれている。

(19) ゲーテの詩「シンボル」最終行より。

(20) 「使徒信条」の言葉。

(21) 『人間的な、あまりにも人間的な』。ニーチェの一八七八年の著作のタイトル。

(22) エルンスト・トレルチの次の表現と重なる。「彼岸が此岸の力である。」Vgl. Ernst Troeltsch, Die Soziallehren der christlichen Kirchen und Gruppen, Gesammelte Schriften, Bd. I, Tübingen, J. C. B. Mohr, 1912, S. 979.

(23) ルター「アドベント説教集」より。Adventspostille (1522), WA 10/1/2, 181, 28f.
(24) ルターの賛美歌より。Gelobet seist du, Jesu Christ (1524).
(25) この年、総選挙でナチスが第一党になった。またドイツ・キリスト者が地歩を固めた。バルトは年末に『教会教義学』の最初の巻を世に送り出した。
(26) ルター「旧約聖書への序言」(一五二三年)。「ここにあなたは産着と飼い葉桶をみつけるだろう。キリストがその中におられる。そこへ行けと、天使も羊飼いたちに命じる。それは、貧しい慎ましい産着だ。しかし、その中にかけがえのない宝がある。キリストがその中におられる。」WA. DB 8, 12, 5-8.
(27) イエス・キリストについてのエキュメニカルな基礎理解を表す言葉。カルケドン会議(四五一年)において定められた。
(28) 旧約聖書を指す。
(29) Du. 世界的に知られるスイスの月刊誌。二十世紀をいろどった芸術家、思想家、政治家らが文章を寄せている。一九四一年に創刊。バルトのエッセイは、その年のクリスマス号を飾った。

(30) この年の六月二十二日、ドイツ軍がソビエト連邦に侵攻し、独ソ戦が始まる。十二月八日には、日本軍がマレー半島に上陸、また真珠湾を攻撃し、太平洋戦争が始まった。独ソ戦勃発の日、バルトの四男、二十歳のマティーアスが登山中に転落、翌日亡くなった。

(31) パウル・ゲアハルトの賛美歌より。Warum sollt ich mich denn grämen (1653).

(32) レッシングの戯曲『賢者ナータン』(一七七九年)第一幕第三景より。

(33) Schweizer Illustrierte. スイスの週刊誌。一九一一年に創刊。第二次世界大戦後の時期には、時代に即した写真報道により人気を博した。

(34) 第二次世界大戦後、戦勝諸国の外相が会議を重ね、ドイツの将来について協議したが、物別れに終わった。一九四五年にロンドン、一九四六年にパリとニューヨーク、一九四七年にモスクワで開催された。

(35) バルトはこの短い引用の中の「昇る」(emporsteigen)に対して、そのあと「下る」(herabsteigen)の語を用いて、押韻の形でコントラストを作っている。バルトの特色を示す一例になるだろう。その神学は、モチーフに即した言葉の選択と、こまやかな筆致によって精密に組み立てられている。

(36) 「使徒信条」の言葉。

(37) ローマ教皇ウルバヌス一世（在位二二二―二三〇年）の記念日。五月二十五日。

(38) ルターの賛美歌より。Ein feste Burg ist unser Gott (1529).「神はわがやぐら」(『讃美歌』第二六七番)。

(39) 前掲注(10)を参照。

(40) J・D・ファルクの賛美歌より。O du fröhliche (1815/16).「いざうたえ」(『讃美歌』第一〇八番)。

初出一覧と底本

一　初出一覧

① **クリスマスの知らせを聞く**　Vom Hören der Weihnachtsbotschaft, München, Münchner Neueste Nachrichten (MNN), Jg. 81, 1928. 12. 19

② **恐れるな！**　Fürchtet euch nicht!, MNN, Jg. 82, 1929. 12. 24

③ **約束と時――成就**　Verheißung, Zeit – Erfüllung, MNN, Jg. 83, 1930. 12. 23

④ **思い煩いと神**　Von der Sorge und von Gott, MNN, Jg. 85, 1932. 12. 25

⑤ **ひそやかさ**　«Ihr werdet finden. . . » Weihnachtsbetrachtung über Offenbarung und Verborgenheit, Berlin, Berliner Tageblatt und Handelszeitung, Jg. 62, Nr. 604, 1933. 12. 24. 翌年に出版されたクリスマスエッセイ集『クリスマス』第一版（Weihnacht, Erstauflage, München, Chr. Kaiser Verlag,

1934）において、題名が Verborgenheit に改められた。

⑥ **あなたがたのために、きょう救い主が生まれた** Euch ist heute der Heiland geboren, Zürich, Du. Schweizerische Monatszeitschrift, Jg. 1, Nr. 10, 1941. 12

⑦ **福音** Frohe Botschaft, Zofingen, Schweizer Illustrierte Zeitung, Jg. 35, Nr. 51, 1946. 12. 18

⑧ **大きな「はい」** Das große Ja, Laupen-Bern, Leben und Glauben. Evangelisches Wochenblatt, Jg. 34, Nr. 52, 1959

⑨ **イエス・キリストはどこにいるのか?** Waar is Jezus?, Amsterdam, Strijdkreet. Officieel orgaan van Het Leger des Heils, Jg. 74, Nr. 25, 1961. オランダの救世軍の機関誌「鬨の声」に掲載。ドイツ語テキストは、『カール・バルト全集』に収録されるまで発表されていない。ドイツ語による題は、Wo ist Jesus Christus?

⑩ **神の誕生** Gottes Geburt, Zürich, Wir Brückenbauer, Jg. 21, Nr. 51, 1962. 12. 21.

二　底本

底本には『カール・バルト全集』の以下の巻を使用した。○囲み数字は、収録エッセイを示す。

Predigten 1921-1935, Gesamtausgabe, Abt. I, Zürich, Theologischer Verlag Zürich (TVZ), 1998　①、②、③、④、⑤

Predigten 1935-1952, Gesamtausgabe, Abt. I, Zürich, TVZ, 1996　⑥、⑦

Predigten 1954-1967, Gesamtausgabe, Abt. I, Zürich, TVZ, 1979　⑧、⑨、⑩

なお、翻訳の際、①、②、③、④、⑤については、『クリスマス』第二版を参照した。Weihnacht (Kleine Vandenhoeck-Reihe, Bd. 48), Göttingen, Vandenhoeck & Ruprecht, 1957.

訳者あとがき

亡き父の蔵書の中に見つけ、手元に残している写真集がある。『人間とはなにか？』（丸善、一九六五年）。表紙には、アフリカの半裸の若い女性、アトリエのピカソ。最後の一枚は、映画撮影の現場で物思いにふけるマリリン・モンロー。世界の写真家二六四人が撮った、有名無名の人々の姿が集められていて、興味深い。それらの群像にまじって、バーゼルの自宅の書斎で、執筆に打ちこむカール・バルトの姿がある。厚手のカーディガンを着た老神学者。原稿に覆いかぶさるようにして、万年筆を動かしている。同じページには、インドの水汲み人、ドイツの鉱山事故で遭難者の救出を見守る人々、見開き右ページには、教会堂の扉に寄り掛かって居眠りするイタリアの酔払い、疲れたニューヨークの漁師たち、山高帽のロンドンの紳士たち。……人生はひろい。そして深い。人生の経験も領域もなんと豊かなことだろう。世界の多彩な人々の間で、スイスの神学者はつつましく自分の机に向かっている。

バルトの晩年の友人が書いている。彼の書斎は、質量ともに二十世紀最大の神学者の仕事部屋としては、拍子抜けするほど地味だった。けれども、壁際に書棚を巡らせた、静かな片隅で「小房のヒエロニムスのように仕事をした」と（カール・ツックマイアー）。バルトは死の前日までペンを執り続けた。イエス・キリストにおいて私たち人間に与えられる神の恵み、永遠の無限の神秘を「言葉に表す」という困難な仕事を、自らの使命と受けとめて。教会の教師として教会に語りつつ、たえず世界と人間に心を寄せ、世界の人々のために。

彼は、読者に語りかけるのに、旗幟鮮明に、聖書とキリスト教の基本語彙を用いる。と同時に、世界と人間の深い神秘を、できるかぎり論理的に語ろうと努める。常に文章全体を考え、一文の意味と役割を検討し、一語の適切さを吟味する。堅固な緻密さが際立つ特色だ。表現そのものを目的とする彫琢は、彼には考えられないことだったろう。しかしそのテキストには、クリスタルのような美しさがある。本書に収めた文章は、どれも雑誌や新聞に発表された。講演や講義の原稿を準備する場合とちがい、最初から読まれることを意識して記すペン先からは、このような彼の本領が遺憾無く伝わってくる。

バルトがクリスマスに寄せてしたためたエッセイ、あるいは説教は、全部で十六ある。本書はそのなかから十篇を選び、発表された年の順番によって配列したものである。最初のものから最後のものまでの間に三十年以上の時があり、語調の違いを味わうことができる。壮年期の鋭敏さ。晩年の、明晰さはそのままだが、よりおだやかな語り。クリスマスという共通の主題のもとに記されていることから、思索の変わらぬ力点をもよく示している。同じ主題の絵を、一人の画家が生涯を通して繰りかえし扱うのに似ているだろう。変化と深まりが存在する。

底本については、初出のデータと共に訳注のあとに示した。拙訳は全集版に基づいている。ただし、一九五七年に刊行された『クリスマス』第二版においてバルトが訂正した箇所は、そちらに従っている。

なお、読者の便を考慮して、適宜、段落を増やしている。

聖書の引用は『新共同訳』によるが、ドイツ語訳を反映させた箇所がある。書名は、右の書から採った。バルトが日本語で書くなら、ここはどの語を用い、どの言い回しを使うだろうか、そうしじゅう思いめぐらしながら翻訳に取り組んだ。

本書が世に出るためにご尽力くださった新教出版社の小林望社長に、厚く御礼申し上げる。期せずしてコロナ禍の年の出版になった。厳しい時期に、本書が読者への幸いな贈りものとなるよう、心をこめてお送りする。

二〇二〇年秋

宇野　元

訳者　宇野　元（うの・はじめ）
1959年東京生まれ。日本大学芸術学部美術学科中退。東京基督教短期大学神学科、神戸改革派神学校卒業。日本キリスト改革派芦屋教会牧師。著書：『思い起こせ、キリストの真実を』（共著、1999年、教文館）。訳書：バルト／ツックマイアー『晩年に贈られた友情』（2006年）、ウィリモン『翼をもつ言葉』（2015年）、ロビンソン『ギレアド』（2017年、いずれも新教出版社）ほか。

クリスマス

2020年10月31日　第1版第1刷発行

著　者……カール・バルト
訳　者……宇野　元

発行者……小林　望
発行所……株式会社新教出版社
〒162-0814 東京都新宿区新小川町9-1
電話（代表）03 (3260) 6148
振替 00180-1-9991
印刷・製本……モリモト印刷株式会社

ISBN 978-4-400-52110-5　C1016

K・バルト
天野　有
宮田光雄訳

教義学要綱
〈ハンディ版〉

敗戦直後のドイツの学生たちにバルトが使徒信条を用いて行った教義学の入門講義。バルト神学の巨大な世界を凝縮して示す名著の新訳。小B6判　2000円

K・バルト
天野有訳

聖書と説教
〈バルト・セレクション1〉

聖書と説教をめぐるバルトの代表的論考2編と、1920年代から60年代に及ぶ時期から精選された21編の珠玉の説教。説教者バルトの姿。文庫判　1900円

W・ウィリモン
宇野元訳

翼をもつ言葉
説教をめぐるバルトとの対話

現代を代表する実践神学者がバルトと正面から対話し、時に批判しつつ、説教者の実存を徹底的に考え抜いた書。著者自身の説教例も付す。A5判　5500円

価格は本体価格です。